W9-BZG-182

©
Proprietà letteraria riservata
Gangemi Editore
Piazza San Pantaleo 4, Roma

Nessuna parte di questa
pubblicazione può essere
memorizzata, fotocopiata o
comunque riprodotta senza
le dovute autorizzazioni;
chiunque favorisca questa
pratica commette un illecito
perseguibile a norma di legge.

ISBN 88-492-0824-3

LUCA FIORENTINO

IL GHETTO RACCONTA ROMA
THE GHETTO REVEALS ROME

Prefazioni di / Prefaces by
Riccardo Di Segni e/and **Walter Veltroni**

Prefazioni alla prima edizione / Prefaces to the first edition by
Elio Toaff e/and **Francesco Rutelli**

GANGEMI EDITORE

A Simona, Gabriele,
Simone, Jonathan,
Samuel, Etan

To Simona, Gabriele,
Simone, Jonathan,
Samuel, Etan

Ringrazio la Dott.ssa Paola Ciancio Rossetto
della Soprintendenza ai Monumenti del Comune
di Roma per le informazioni e la supervisione
scientifica sul testo;
il sen. Esterino Montino che ha capito il Ghetto
fin dal suo incarico di assessore al Comune di
Roma;
Simona che mi ha aiutato fin dall'inizio
con grande amore e capacità,
senza la quale questo libro non esisterebbe.

Traduzione inglese di
Martha B. Scherr e Susanna Eneberg

Fotografie di
Simona Ottolenghi e Stefano Donati

I wish to thank Paola Ciancio Rossetto of the
Superintendency of the Monuments of Rome's
Municipality for the useful information she gave
me and for the scientific supervision of the text;
Senator Esterino Montino for the sensitivity showed
in the evaluation of the historical patrimony
discovered in the area of the Roman ghetto;
Simona, who helped me from the beginning
with great love and ability, and without whom
this book would not exist.

English translation by
Martha B. Scherr and Susanna Eneberg

Fotographs by
Simona Ottolenghi and Stefano Donati

Indice/Index

Il Messia nascosto

The hidden Messiah

Ognuno di noi è testimone della meraviglia, dello stupore e dell'interesse che si risvegliano tra i turisti che da tutte le parti del mondo vengono a visitare l'area del ghetto ebraico. Anche il più disinteressato e disincantato visitatore ripete ritualmente le sue "FAQ", le domande più frequenti sul quartiere: ma allora qua ci sono degli ebrei? e quanti sono? da quanto stanno qui? sono i discendenti degli esuli dalla Spagna? E quando si risponde parlando di una popolazione di numero contenuto ma qua presente senza interruzioni da 21 secoli la reazione dell'interlocutore è evidente. Come Luca Fiorentino racconta in questo libro, oggi nella sua seconda edizione aggiornata, ogni pietra, strato su strato, ogni sito è qui testimone di una storia articolata e complessa. Molto spesso ci vuole l'animo del ricercatore caparbio ed erudito per ritrovare le tracce. L'evoluzione naturale delle cose si è accompagnata qualche volta al desiderio di cancellare e di distruggere; la necessità del riassetto urbanistico ha avuto la meglio su quella di salvare i monumenti, talora è stato solo un problema di mentalità differente, altre volte un accanimento antiebraico. La mentalità "piemontese" ha portato alla totale distruzione del ghetto sacrificando anche lo storico edificio delle cinque scole. Da allora nessun edificio originario sorge nell'area del ghetto e solo il perimetro esterno ne racconta la storia, mentre gli interni delle scole tornano a parziale vita nelle pareti della nuova Sinagoga monumentale.A breve distanza dal ghetto fu il fascismo ad imporre un'altra cancellazione, quella del cimitero all'Aventino; un luogo centrale di memorie dove già per lungo tempo aveva infierito la crudeltà ecclesiastica proibendo l'incisione dei nomi sulle tombe; l'urbanistica mussoliniana avrebbe completato lo scempio costringendo la comunità al trasloco totale.E ancora, per fare un altro esempio solo un po' più distante – ma questa volta non è colpa di nessuno – c'è solo il toponimo di "piazza di

We have all seen the amazement, the wonder and the interest aroused in tourists from the whole world, when visiting the area of the Jewish Ghetto
Even the most uninterested and cynical visitor usually repeats the FAQs, the most Frequently Asked Questions on the neighbourhood: So Jews do live here? And how many are they? For how long have they been here? Are they descendants of the Spanish exiles? And when you answer these questions and talk about a small population that has been in the ghetto uninterruptedly for 21 centuries, there is always a great astonishment.
As Luca Fiorentino says in this second revised version of his book, every stone in the different layers, and every site tells us about this complex and articulated history Very often, only a stubborn and learned researcher can find the traces of the past. Sometimes evolution equalled the desire to cancel and to destroy. Needs of urban re-organization of the area have prevailed on saving monuments, sometimes because of differences in mentality, other times because of obstinacy against Jews.
The "Piedmontese" mentality of the House of Savoy destroyed the ghetto, sacrificing the historical Cingue Scolè Building. No original buildings were left in the ghetto and only the external perimeter of the enclosure tells us the story of the area. But some of the findings from the Scolè building come to life on the walls of the new Synagogue.
Not far away from the ghetto, fascism would impose other erasures. The Jewish cemetery on the Aventine Hill, which was an important place of memories, where the ecclesiastic cruelty already had showed the way, prohibiting the engraving of names on the tombs, and Mussolini's urban plans did the rest, was forced to move elsewhere. Another example, only a bit further away – but this time it wasn't anybody's fault – only the geographic name "Piazza di Porta Capena" is left to remind us of something

Porta Capena" a ricordare agli esperti qualcosa di unico: là dove sorgeva in un precedente tracciato di mura, una delle porte di accesso alla Roma antica, si affollava una turba di ebrei poveri e malati. In questo luogo – che nell'antichità doveva avere evidentemente un enorme senso simbolico – secondo il Talmud c'era il messia nascosto, impegnato a curare i malati, in attesa di essere chiamato per rivelarsi nella storia. Ancora oggi dei turisti colti chiedono di vedere questo luogo. Questo sono le pietre di Roma di cui parla Fiorentino, nascoste, sotterrate, rimosse o evidenti, per gli ebrei di questa città e per quelli di tutto il mondo. Ma allo stesso tempo patrimonio storico ed emozionale inestimabile per tutta la città e fuori della città, un senso che viene sempre più condiviso e sottolineato dalle amministrazioni che la dirigono. Ventuno secoli di presenza ininterrotta e spesso tormentata in un luogo rappresentano un record e un interrogativo difficile da risolvere da qualsiasi punto di vista, sia quello del laico razionale che quello del credente. Il libro di Luca Fiorentino ovviamente non ci dà le risposte, ma ci propone a raffica le domande mostrando angolo per angolo, sito per sito, il peso di una storia enigmatica e stimolante.

quite special. Right there, where one of the gates to the ancient roman city, in a previous roman wall, used to be, a crowd of poor and ill Jews used to meet. Exactly in that place – that in ancient times must have had a symbolic value – according to the Talmud, the messiah hid, taking care of the ill, waiting to be revealed in history. Even today very well-read tourists ask to visit this place.

The stones about which Fiorentino speaks are hidden or unearthed, taken away or right there for the Jews and for other people from all over the world, to see. And at the same time they are a historical and emotional patrimony of inestimable value for everyone, which the local administration understands and underlines more and more.

Twenty one centuries of uninterrupted and sometimes tormented presence in one geographical place is a record, and a difficult question to find an answer to, from any point of view, both from a rational, non-religious viewpoint and from the point of view of a believer.

Luca Fiorentino's book obviously doesn't give us the answers, but it asks all the questions, showing us area by area and site by site the importance of a stimulating and enigmatic history.

Riccardo Di Segni

*Rabbino Capo
della Comunità Ebraica di Roma*

Riccardo Di Segni

*Chief Rabbi
of the Jewish Community of Rome*

Roma: la stessa comunità

Rome: the same comunity

Spesso, la memoria di una città è scritta nelle sue antiche pietre, nei ruderi stratificati, in una lastra di marmo o in un pavimento di cotto che molto tempo prima sono stati la soglia di una bottega, il suolo di un'abitazione, il lastricato di una strada. Nel leggere questo bel volume di Luca Fiorentino, più di una volta l'emozione ci avvolge, ci assale quella sensazione mista di malinconia e di curiosità provocata dall'apparire di fronte a noi, man mano che scorriamo le pagine, della vita quotidiana della Comunità Ebraica di Roma, dei luoghi dove i suoi componenti risiedono ormai da duemila anni, lasciando tracce di un'esistenza difficile, di una storia intessuta di mille storie, di tutto quello che ha composto la vita di una vera e propria parte del cuore della Città Eterna.

La riedizione de "Il Ghetto racconta Roma", in occasione del centesimo anno della fondazione del Tempio Maggiore, di un evento in cui la nostra Comunità Ebraica celebra il suo passato guardando verso il domani, compendia degnamente, e sin dal titolo, il valore di tanta storia, vale a dire di quella che è una parte inscindibile della storia, più ampia, della nostra città. Oggi più che mai abbiamo bisogno di queste pagine, abbiamo bisogno, proprio come dice la tradizione ebraica, di andare verso il futuro guardando indietro, avendo conoscenza e consapevolezza di quello che è stato. Di quello che siamo stati. Ricordando gli errori e gli orrori, i pregi e i difetti, le violenze e i giorni felici.

Il libro di Fiorentino ha il grande merito di portarci sulla strada di un sapere che ritengo fondamentale per far sì che questa città sia sempre più un luogo di civiltà e di accoglienza, di tradizione e di innovazione. Le antiche pietre sono lì a testimoniare quanto abbiamo fatto. Sono lì a ricordarci come sia stato possibile che gli ebrei di Roma abbiano vissuto, per secoli, al chiuso delle mura del Ghetto, e come queste si siano aperte verso la

Often the memories of a city can be found in its ancient stones, in its layers of monuments, in a marble slate, in a brick pavement that once was a shop entrance, in an apartment floor or in a street pavement. More than once, the reader is overcome by emotions and seized by mixed feelings of melancholy and curiosity, while reading this beautiful book by Luca Fiorentino, while turning the pages and while more and more the daily life of the Roman Jewish Community and about the places in which the Jews lived for two thousand years, is revealed. Places in which they've left signs of a difficult existence, of a history created by thousands of different stories, of everything that composed the life of a part of the heart of the Eternal City. The new edition of "The Ghetto reveals Rome", published in coincidence with the celebration of the centennial of the Synagogue, in an occasion in which our Jewish Community celebrates its past looking into the future, outlines in a praiseworthy way, starting with the title, the value of all that history, that is to say, of that which is an integral part of the larger history of the city

We need these pages more than ever, we need, just like the Jewish tradition suggests, to move into the future looking at the past, knowing about and understanding what happened. And who we were. Remembering errors and horrors, qualities and defects, violence and happy days Fiorentino's book has the merit of taking us to that knowledge and understanding, which I believe is fundamental, to allow this city to continue and to improve its way of being a welcoming and civilized place, of tradition and renewal. Those ancient stones are there to testify how much we've done. They are there to make us remember how the Roman Jews for centuries lived inside the Ghetto enclosure, how it was opened up after the Italian National Unity and then once again offended by racial hate. They are there to make us remember that we

speranza dopo l'Unità d'Italia, per conoscere ancora l'affronto disumano dell'odio razziale. Sono lì a ricordarci il dovere di studiarle, conservarle, tramandarle ai nostri figli e al mondo intero. Queste pietre, queste strade, queste case sono un patrimonio profondo, che travalica il valore architettonico e storico, ed assume la forza di un vincolo che lega sempre più la storia della Comunità Ebraica a quella di tutta la città. Affinché l'odio che il Ghetto ha purtroppo conosciuto non torni a portare morte e distruzione, a segnare i muri e a insanguinare le strade così come è stato non centinaia ma solo poche decine di anni orsono, ognuno di noi ha bisogno di conoscere e di conoscerci, di rimanere legato alle voci e ai segni del passato, a tutto quanto possa far sviluppare quel senso di appartenere tutti alla stessa comunità di romani, uniti nel rispetto reciproco e nella consapevolezza di poter costruire, insieme, il nostro domani.

must study them, preserve them and leave them there for our children and for the whole world to see.

Those stones, those streets and those houses are an important patrimony, that goes beyond their architectural and historical value, and they become a link that connects the history of the Jewish Community to the history of the entire city. So that hate cannot come back with death and destruction, marking walls and staining streets with blood, as it unfortunately did in the Ghetto, not hundreds of years ago but only a couple of decades ago, everyone must know about what happened and we must learn about ourselves and about each other. That is the way to keep in touch with the voices and signs of the past, with everything that makes us develop that sense of belonging to the same community of Romans, all united in respect for each other, and with the awareness of being able to build our tomorrow, together.

Walter Veltroni

Sindaco di Roma

Walter Veltroni

Mayor of Rome

Il luogo della memoria

The place of memory

Il "ghetto" è uno dei luoghi della memoria degli ebrei, che della memoria hanno fatto il riferimento della propria storia e la forza della propria identità. Il recinto, pur ricordando la cattività e l'oppressione, rimane un elemento da fuggire e insieme il simbolo della resistenza alla pressione esterna alla Comunità, spesso violenta, dalla quale gli ebrei hanno tratto ancora la forza di tramandare i valori del vivere ebraico, ad iniziare dal rispetto della vita e della dignità umane.

È perciò con sentimenti diversi, spesso contrastanti, che la Comunità ebraica si avvicina ai programmi di valorizzazione delle aree dei ghetti, che sempre di più sono giustamente oggetto dell'attenzione degli storici e degli urbanisti.

Da una parte infatti la conservazione e il ricordo rimangono per l'umanità da monito, indicando fino a dove può arrivare la discriminazione e quali guasti e tragedie possono scaturire da infondati pregiudizi; dall'altra si valorizza un ambito urbano certo di grande interesse che porta tuttavia con sé per ogni ebreo l'angolo buio delle angherie subite in quei luoghi.

È proprio per questo che la storia, troppo spesso poco conosciuta se non dimenticata, deve affiancare il restauro dei luoghi, il recupero urbano, per evitare che le pietre rinnovate non sappiano parlare più di cosa hanno visto, non sappiano insegnare più il rispetto e la civile convivenza. Tutti noi dobbiamo evitare con ogni mezzo che i quartieri della memoria divengano un involucro vuoto.

A Roma la sensibilità degli amministratori capitolini, e del Sindaco Rutelli per primo, hanno consentito la cura dell'inizio del restauro dell'area del "ghetto" con amore per i luoghi e rispetto per la memoria: non posso dimenticare l'emozione vissuta insieme davanti alla scoperta sorprendente dei resti dell'edificio delle cinque Scole, che poggia su murature molto più antiche. Questa sovrapposizione è il simbolo del profondo intreccio della storia della città

The "ghetto"is one of the places of memory of Jews who have always based their very history and the strenght of their identity on memories and remembrances. The former enclosure, which reminds us of oppression, is something to escape from, but at the same time it is a symbol of the resistance to pressure from the outside, which often has been violent and from which the Jews got the strength to continue pursuing a Jewish way of life, starting with the respect for life and human dignity.And so it is with different, often contrasting feelings, that the Jewish Community approaches projects of preservation and renewal of the ghetto areas, which are more and more object of interest for historians and urban planners.On one hand, preservation and remembrance serve as warnings for humanity, showing how far discrimination can go, and the tragedies that unfounded prejudices can give birth to; on the other hand, an area in the city that surely is of interest is improved, but it's an area that in every Jew brings back the shadows of suffering.That's why history, too often poorly known if not forgotten, must accompany restorations and urban renewal, so that the renovated stones don't stop talking to us about what they've seen, or forget how to teach us respect and how to live together in a civilized way. We must all avoid, in every possible way, that this area of memory and of remembrance becomes an empty shell.The sensitivity of the local administration in Rome, and first of all of the city's Mayor Francesco Rutelli, allowed to carry out the restorations of the ghetto area with special care of the places and with respect for memories: I can't forget the strong emotion felt in front of the discovery of the remains of the Cinque Scole building, which rest on much older masonry. These different levels are a symbol of the deep connections between the history of the city

con quella di una presenza ebraica antichissima e mai interrotta.

L'attenzione e la volontà di proseguire nella ricerca dei reperti e nella loro documentazione anche a scopo didattico da parte del Sindaco sono poi la rassicurazione verso gli ebrei di Roma che una parte rilevante della loro memoria viene acquisita dalla città come patrimonio di tutti, in un ideale abbraccio che gli stessi ebrei temono a volte che possa, noi speriamo mai, venire a mancare.

Mi piace sottolineare che nel quartiere intorno alla Sinagoga si è oramai sviluppata una progressiva integrazione del tessuto sociale ed edilizio proveniente dall'antico ghetto, con la presenza di altre realtà cittadine, dimostrando che la città moderna può integrare in uno specifico ambito urbano realtà diverse, dicendo così che è finito e non deve tornare il tempo delle separazioni, delle differenze tra cittadini se non per le proprie peculiari cultura ed identità. Tutto questo, la fusione di tante culture ed identità, di storie diverse sovrapposte in un luogo particolare della città, ritornano in questo lavoro di Luca Fiorentino, che offre insieme alla spiegazione delle tante novità che i lavori e gli scavi recenti hanno offerto, spunti di riflessione riferiti alla sofferenza e all'umanità che possono essere tratte dalle vicende di questa zona prima, durante e dopo il ghetto. È un ebreo romano che, oltre alle informazioni più recenti sugli scavi e i ritrovamenti, offre la pagina aperta della propria coscienza alla riflessione di tutti. Questo lavoro rappresenta perciò sia un saggio di riflessione generale che un'offerta di approfondimento particolare su quell'*unicum* che è stato ed è ancora, pur con i mutamenti descritti, il quartiere ebraico di Roma.

I capitoli iniziali sulla storia più antica e su quella medievale descrivono le sovrapposizioni avvenute nel quartiere, incontro di culture, di scambi, della ricchezza della Roma antica e della depressione e dell'abbandono dell'Alto Medio Evo. Ma è nella descrizione della vita nel ghetto, nel costante riferimento ai luoghi in parte ancora oggi riconoscibili, che si

and an old Jewish uninterrupted presence. The attention and the desire to continue the search and documentation of findings, even for educational reasons, on the part of the Mayor, are a guarantee for the Roman Jews that an important part of their memory is acquired by the city as a patrimony of everyone. It's an ideal hug that Jews sometimes fear might end, but we hope never will. I would like to underline that in the area surrounding the Synagogue, an integration between the building structure of the ancient ghetto and new social structures has taken place. New realities are now present in the area, which proves that a modern city can integrate different realities in the same neighbourhood, showing that the time of separation and of differences is over, and that it must never come back. The only differences that can be tolerated are those of culture and identity. All this, the fusion of cultures and of identities and the different overlapping stories in a certain area of the city are all described in this book by Luca Fiorentino. It's a book which gives the explanations to all the new findings made through construction work and excavations, and offers points of reflection on suffering and humanity that this area has lived through before, during and after the ghetto. The author is a Roman Jew who together with information on the most recent excavations and findings, offers his conscience as an open page for everyone to read. This work is therefore both an essay with general reflections and a deeper analysis of that *unicum* that the Jewish neighbourhood in Rome was, and still is, even after all the changes described in the book. The first chapters of the book about ancient and medieval history describe the overlapping levels in the area, different cultures that meet, exchanges, the wealth and power of ancient Rome and the depression and abandonment of the High Medieval period. But it's in the description of life in the ghetto, in the constant reference to places, that partially can be seen today, that human suffering comes to life. And in the description of the yearn

incontra lo spirito della partecipazione alle vicende umane più sofferte. È nell'anelito alla libertà e nel desiderio di emancipazione che si rivivono le atmosfere di incontro e di speranza dell'inizio del XX secolo. È infine nell'immersione con il lettore nel ghetto occupato dai nazisti, nella lacerazione dei sentimenti e delle coscienze, nell'avvilimento della dignità umana che la descrizione tocca le punte più alte di coinvolgimento.

Ne esce il desiderio di ricomporre proprio qui l'incontro più rispettoso di culture diverse, di proporre alla città e al mondo proprio da qui un "modo" di incontro, rispetto, convivenza e solidarietà.

Chiudendo il libro si può guardare davanti con la consapevolezza di cosa è accaduto e uno spunto in più di speranza. Senza mai smettere di vigilare.

for freedom and in the desire for emancipation you can find the atmosphere of hope that characterized the beginning of the 20th century. And finally, in the immersion right into the ghetto occupied by the Nazis, in the descriptions of feelings that were torn apart and of the destruction of the human dignity, the narration becomes highly involving and breathtaking. We then feel the desire to create right here a more respectful way of meeting different cultures, to suggest to the city and the world new ways of meeting each other, of showing respect, and of living together with solidarity.Closing the book, we can look into the future, aware of what happened and with a bit more hope. But we can never stop watching out.

Elio Toaff

Rabbino emerito
della Comunità Ebraica di Roma

Elio Toaff

Rabbinical leader
of the Jewish Community of Rome

Gli Ebrei Romani tra architettura e storia

Il breve, denso libro di Luca Fiorentino è un attraversamento dentro luoghi della città che sono anche luoghi della memoria, non solo della comunità ebraica, ma di tutti i romani. Seguendo il filo delle trasformazioni del tessuto urbanistico di Roma, Fiorentino ricostruisce l'alternarsi di speranze e tragedie, di insediamenti ed emigrazioni che hanno fatto, nel tempo, il carattere peculiare della comunità ebraica romana, così orgogliosa delle proprie lontane radici quanto inestricabilmente legata ai mille fili della vita collettiva. In questo doppio movimento di fedeltà alla tradizione e di apertura al *fuori*, sta il segreto della felice *confusione* tra Roma e i suoi ebrei.

Di molte abitudini, di molte usanze è difficile distinguere quanto vi sia di romano e quanto di ebraico: come sottolinea l'autore, siamo di fronte a "un'enorme ricchezza e varietà di provenienze e di modi, tutti ebraici e tutti sempre più romani, di essere e di vivere". Che questo sia avvenuto nella città che è storicamente il centro della cristianità costituisce uno dei tratti salienti di Roma, dove "l'odore della storia", nella sua temibile caoticità, si avverte ad ogni passo.

Ma questa caoticità nasconde e rivela insieme un suo *ordine*: Roma è, come e più delle altre grandi metropoli, una città ricettiva, felicemente *contaminabile*. Sempre fedele a se stessa perché sempre capace di rinnovarsi *oltre* le sue cadute, al di là delle sue tragedie. Che tanta parte di questa disposizione al cambiamento abbia avuto nel Ghetto, originariamente luogo coatto e *chiuso*, uno dei suoi centri di irradiazione, deve essere considerata come la doppia metafora che incrocia la storia di Roma con quella dei suoi ebrei. Fiorentino descrive in modo sintetico, ma preciso, questo progressivo mutare del Ghetto, le sue linee di penetrazione nel

The Roman Jews through architecture and history

The short and dense book by Luca Fiorentino is a journey through areas in Rome that are places of memories and of remembrance, not only for the Hebrew community, but for the whole Roman population. While tracing the history of urban structural transformations, Fiorentino tells us the story of the alternation of hope and suffering, the settling down and the emigration, that through time, has defined the roman Jewish community, so proud of their far away roots, and at the same time tied by thousands of fine threads to common, daily life. In this two-way movement, of loyalty to tradition and of openness to the *outside* you can find the answer to the secret of the happy "*confusion*" between Rome and its Jews.

It's difficult to distinguish exactly what's Roman and what's Jewish in Roman customs and ways. Just like the author points out, we confront ourselves with "a dense mixture of traditions and customs, an enormous amount of different origins and ways of existing and living together. All of them Jewish and more and more Roman".

That this happened in the city that, out of a historical point of view, is the centre of Christianity is one of the most important features that characterize the city of Rome, where you can feel the "smell of history" in its frightful chaos, everywhere you go.

But this chaos both hides and reveals a sort of *order*. Rome is, just like most of the other big cities in the world, a receptive city, which lets itself be *contaminated*. It's always true to itself , because it's always able to renew itself and go *beyond* it's tragedies. That much of this spirit has been found in the Ghetto, originally a *closed* place of constriction, in which the centre of radiation can be found, must be considered as a double metaphor that allows the history of Rome to meet the history of its Jewish population. Fiorentino describes in a synthetic, but exact way this

territorio circostante, il suo *confondersi* dentro Roma, mantenendo la propria identità.

Un filosofo ebreo ha definito il tratto peculiare della condizione ebraica con una immagine suggestiva e penetrante: *errante radice*. Al di là di una millenaria storia di persecuzioni e di emigrazioni, credo che questo carattere rimanga ancora oggi, e sia la cifra vitale, spirituale, di una disponibilità al cambiamento ancora più importante quando è oramai cessata l'epoca degli esili. Capiamo cosa abbia voluto dire un altro filosofo, né ebreo né cristiano, quando ha detto che una città senza ebrei appare come "una città morta", priva di quella tensione, di quel perenne *movimento* che è la misura della forza storica di una comunità vivente.

La città di Roma, nel momento in cui intraprende la via di un nuovo, radicale periodo di trasformazione, ha più che mai bisogno delle presenza e del contributo dei suoi cittadini ebrei, dell'incoercibile vitalità di chi ha sentito troppe volte sul collo il fiato greve della storia per pensare che il *viaggio* sia ormai terminato.

Francesco Rutelli

Ex Sindaco di Roma

progressive change in the Ghetto, how it expands into nearby areas and how it can be *confused* with the rest of Rome, while maintaining it's identity.

A Jewish philosopher has defined the trait that distinguishes the Jewish condition through a stimulating and penetrating image: *wandering roots*. Through thousands of years of history, with persecutions and emigration, I believe that this trait still can be found today, and that it's the living and spiritual part of a kind of willingness to change, even more important now, when the period of exile is over. We can thus understand what another philosopher, neither Jewish nor Christian, meant when he said that a city without Jews is "a dead city", lacking of that tension, that continuous movement that measures the capacity of a living city.

When the city of Rome now is embarking on a new and radical period of change, the presence and the contribution of its Jewish citizens is needed more than ever. The city needs the invincible vitality of those who, too many times, have felt the menacing breath of history on their necks, to believe that the journey is at its end.

Francesco Rutelli

Former Mayor of Rome

IL GHETTO
RACCONTA ROMA
THE GHETTO
REVEALS ROME

Il ghetto dove era nato il padre di mio nonno era un intrico di viuzze contorte, una disordinata sovrapposizione di costruzioni. In un'area piccolissima, tra il Portico d'Ottavia e il Fiume gli ebrei erano cresciuti, in più di tre secoli di costrizione, di numero ed esigenze, che nascevano e finivano nel perimetro segnato dalla Renella che guardava l'isola Tiberina.

Era lì che i ragazzini facevano il bagno dalla "Ripa dei Giudei", che dava loro l'illusione di un orizzonte più lontano di quello chiuso tra le case del ghetto, e la sensazione di una libertà di cui non godevano.

Forse togliersi i vestiti in riva al fiume, il piccolo privilegio estivo di proteggersi con un bagno dalla calura, allungare lo sguardo fino all'isola Tiberina e alle prime case di Trastevere poteva sembrare un'evasione, la risposta timida e silenziosa ad una vita fatta degli stessi luoghi, dalle stesse persone, scandita dai tempi e dagli usi di sempre.

Il mio bisnonno portava nel nome il simbolo delle aspirazioni del ghetto della fine del XIX secolo: si chiamava Aron Giuseppe. Un misto della forza della tradizione ebraica - il fratello di Mosè, la sua voce, senza il quale non sarebbe stata possibile la libertà dalla schiavitù d'Egitto - e un richiamo alla tradizione del Risorgimento che prometteva riscatto alle popolazioni oppresse.

Era la doppia aspirazione di un ebreo dell'Ottocento, di un ebreo del ghetto di Roma in particolare, segnato dall'appartenenza al proprio popolo, alla libertà e alla voglia di emancipazione, che dava espressione alle migliaia di ebrei poveri, discriminati, orgogliosi e disperati dalla cattività romana, finita con l'arrivo dei Savoia e la fuga del Papa: perché a Roma il "popolo del libro" era diventato, salvo rare eccezioni, un "popolo senza voce".

Il ghetto era nel 1870, con l'ampliamento del 1848 che incluse Via della Reginella e parte dei fabbricati che vi si affacciano, fino a P.zza Mattei, un piccolo quartiere servito da cinque accessi, fino al 1848 chiusi da cancelli. Papa Mastai (Pio IX) concesse di rimuoverli, conservando però le regole che costringevano gli ebrei nel recinto dal tramonto all'alba.

The ghetto, where my great-grandfather was born, was a maze of contorted alleys and a sort of disorderly overlap of buildings. In this tiny area in the heart of Rome, between the Portico d'Ottavia and the Tiber river, during more than three hundred years of constraint, Jews had increased both in number and exigencies that raised and died within the perimeters of the ghetto, traced by the sandbank called the Renella that faced the Tiberina Island.

It was right there that the children had a swim, at the "Ripa dei Giudei," (river bank of the Jews) and this gave them the illusion of a larger horizon than the one drawn by the roofs of the ghetto and a feeling of freedom that they couldn't enjoy.

Perhaps the modest summer privilege of cooling off from the heat with a swim in the nude or to look up at the Tiberina Island and at the first row of houses in the Trastevere area, on the other side of the river, seemed like a flight. Perhaps it was the timid and silent answer to a life lived in the same places, with the same people stressed by the times and habits of always.

My great-grandfather's name is a symbol of the hopes of the ghetto at the end of the 19th century. His name was Aron Giuseppe, which was a combination of the names of two strong figures in Jewish tradition. Without Moses' brother Aron, freedom from the Egyptian slavery would never have come. But it also recalls Giuseppe Mazzini and Giuseppe Garibaldi, patriots in the movement for national unity termed the Italian Risorgimento, that promised oppressed people redemption.

Freedom and emancipation were aspiration for Jews in the 1800's, and for the Jews in the roman Ghetto in particular. This double aspiration was an expression of thousands of poor Jews who were discriminated against but proud and desperate in the Roman captivity, which finished with the arrival of the royal family, the House of Savoy and the Pope's flight. In Rome, the "people of the book" had become, with rare exception, a "people without a voice."

After the enlargement of the ghetto in 1848, in which Via della Reginella and part of the buildings that overlook that street, up

Era un luogo malsano, senza servizi efficienti di scolo delle acque, soggetto a continui allagamenti per le piene del Tevere: si racconta che nei casi di piena consistente gli abitanti della prima fila di case sul fiume dovessero utilizzare, per uscire di casa, passaggi di fortuna fatti con tavole di legno da un edificio all'altro di Via della Fiumara, la prima viuzza verso il fiume.

to the Piazza Mattei were included in the area, in 1870, the ghetto was still a small neighbourhood served by five accesses, which, until 1848, were closed by gates. Pope Pius IX Mastai agreed to remove them, conserving however, the rule that forced the Jews within the enclosure from sunset to sunrise.

The ghetto was an unhealthy area, lacking efficient utilities for draining water and it was often flooded by the Tiber river. Stories are told about when the water was very high and when the inhabitants of the first row of houses on the river, in Via della Fiumara, had to use emergency passages made with wooden tables in order to leave their houses or to pass from one house to the other.

That's one of the reasons for which the de-

Pagina precedente/Previous page.
Luce sul Tempio Maggiore: dal 1904 il simbolo dell'uscita dal buio del Ghetto.
Light on Temple Maggiore: since 1904 symbol of the ending of the dark period of the Ghetto.

Scorcio del Portico d'Ottavia al crepuscolo: ombre notturne sul travertino, testimone di un tempo che cade e cede il passo ad un'altra giornata, spesso sperata migliore.
Glimpse of Portico d'Ottavia at dusk: the night shadow on travertine marble, witness of a time which falls and gives way to another day, hopefully a better one.

Ancora la Sinagoga al tramonto: sono visibili i due ordini di colonne della facciata principale.
The Synagogue at sunset. Two rows of columns of the main facade are visible.

Per questo motivo, ma anche per far spazio ai progetti grandiosi del Regno d'Italia che avviò a Roma una vasta "piemontesizzazione" - muraglioni sul Tevere, strade ampie con marciapiedi, decorosi e ripetitivi edifici umbertini - fu avviata la demolizione del quartiere ebraico, iniziata dopo il 1888 e proseguita fino ai primi anni del XX secolo.

Fu un modo per risanare? per dimenticare le continue angherie antiebraiche della Chiesa? per ricostruire a buon prezzo facendo affari d'oro? Forse tutto, o niente. È però un fatto che salvo la Sinagoga, inaugurata nel 1904 su una spianata libera da edifici, le nuove costruzioni non furono più di proprietà ebraica. Sulla spianata rimase fino alla costruzione della nuova Sinagoga proprio l'edificio delle Cinque Scole, che ospitava le cinque sinagoghe degli ebrei romani, divise per provenienza, che conservavano all'interno tesori d'arte e di manifattura di inestimabile valore.

La vita di quell'edificio strano e particolare finì con un incendio, dopo il quale se ne decretò la demolizione: il fatto è che al suo posto sorsero subito le costruzioni più pregiate della nuova area, i quattro "villini Liberty"; il commento sul completamento del colpo di spugna sul vecchio quartiere rimane a chi osserva una storia particolare, in un tempo che per molti motivi voleva correre avanti.

Le storie e le fotografie degli ultimi anni del secolo dicono di demolizioni, sventramenti, di una città che dava spazio con grande velocità ai fatti nuovi. Si vedono immagini di macerie e quelle successive con il rinterro di rinfianco degli argini del fiume completati e il fronte degli edifici della Via del Portico d'Ottavia irriconoscibili davanti all'area ancora non costruita.

Poi, con le costruzioni dei primi anni del secolo, sulle metamorfosi di un angolo di città ricco di storia e di tradizione, per decenni cala il sipario. La vita continua, ma le trasformazioni urbane sono interrotte.

Resta a metà l'allargamento di Via S. Maria del Pianto, tra Via Arenula e Via del Progresso (oggi p.zza delle Cinque Scole), interrotto all'altezza di vicolo in Publicolis. Rimangono solo, mezzo demolite, parti di edificio e la quinta urbana adiacente alla chiesa di S. Maria del Pianto.

Sono gli anni dell'emancipazione ebraica, che spopola la zona ritrovandola però come costante riferimento di incontri e di tradizione; della prima guerra mondiale, del fascismo, delle leggi razziali e della persecuzione antiebrai-

molition of the Jewish neighbourhood started just after 1888 and continued until the first years of the 20th century. Another reason for the demolition was to make space for the grandiose projects of the Italian Reign. The royal family wanted to make Rome look like the Piedmont region (their place of origin) – building embankments along the Tiber river, ample streets with sidewalks and rows of decorative Umbertine buildings.

Were the demolitions just a way to make the area healthier? To forget the continuous anti-Semitic vexations of the Church? To rebuild at a low price while making good business? Perhaps all of these or maybe none of them were the reasons. It is, however, a fact that except for the Synagogue, inaugurated in 1904 on a cleared, levelled area, none of the new buildings were of Jewish property. In order to build the new Synagogue, the Cinque Scòle building that had stood there was demolished. It had hosted five different synagogues of the Roman Jews, divided by their various origins. Hand-made art treasures of priceless value were conserved in this building.

The life of that strange and particular building ended with a fire, after which its demolition was ordered. In its place, four of the most prestigious buildings in the new area, the "Villini Liberty" were soon erected. Letting "bygones be bygones" regarding the old neighbourhood, was a pertinent saying, as many, for just as many reasons, seemed to have wanted time to quickly move on.

Stories and photographs of the last years of the 19th century tell of the demolition of a city which very quickly gave way to a new way of life. There are photos of debris, and others of subsequently completed land fills created by way of the river embankments and others again of unrecognisable building façades on Via del Portico d'Ottavia, in front of the empty land area that hadn't yet been built upon.

Then, after a period of active construction during the first years of the 20th century, which changed an angle of the city, rich in history and tradition, construction work stopped for ten years. Life continued, but urban transformation was interrupted.

The widening of Via S. Maria del Pianto, between Via Arenula and Via del Progresso (today Piazza delle Cinque Scòle,) remained only half-completed since it was interrupted at Vicolo in Publicolis. Parts of buildings and the urban scenery around S. Maria del Pianto church were left half-way demolished.

These were the years of Jewish emancipation, during which the area became even less popu-

Il Ghetto com'era tra muri sbrecciati e sampietrini, intonaci scorticati dal tempo, segno della povertà in cui versava il quartiere
The Ghetto as it was, among bared walls and cobblestones, plaster grazed over time, signs of the neighbourhood's poverty.

Pagina precedente/Previous page.

Il narratore cammina tra gli archi del Teatro di Marcello, un camminamento protetto dalle ciclopiche mura dell'epoca classica.
The writer walks, sheltered by Teatro di Marcello's arches, a communication trench protected by the Cyclopean walls of the Classic Period.

Cosa si perde e cosa resta tra il Portico d'Ottavia e la città rinnovata
What is lost and what remains between the Portico d'Ottavia and the renovated city.

ca. Il vecchio ghetto rivive la paura, il dolore, il terrore, e all'alba dal 16 ottobre 1943 la massiccia deportazione nazista in Germania e il buco nero dell'Olocausto.

Poi ancora la libertà dolorosa del dopoguerra, le svastiche sulla Sinagoga del 1960 e le veglie per Israele del 1967 e del 1973. Pezzi di storia scritti da tutta la popolazione, ebrei e non ebrei uniti a testimoniare, con un grande contributo umano, come si può vivere in un quartiere con amore, rispetto, solidarietà.

Per questo l'intervento di recupero urbanistico ed edilizio voluto dalla Regione Lazio e dal Comune di Roma alla fine degli anni '80 sceglie il "ghetto" per iniziare: ci sono il degrado, le demolizioni mai finite, aree archeologiche e sovrapposizioni storico-urbanistiche mai conosciute a fondo, e c'è la peculiarità di una popolazione residente molto "romana", con la più antica delle presenze "oltre" quella

lated. However, the neighbourhood continued being a constant reference for meetings and traditions- during the First World War and the Fascist period as well as during the period of Racial Laws and throughout the anti-Semitic persecution. During these years fear, pain and terror came back to life in the old ghetto. And at sunrise on October 16th, 1943, massive deportation by the German Nazis opened up the black hole of the Holocaust.

The painful freedom of the post war period, the swastikas on the Synagogue in 1960 and the sittingups for Israel in 1967 and 1973 were important moments during which the entire population of the Ghetto, Jews and non-Jews alike, wrote pages of history. As a great human contribution, they showed the world how to live together in the same neighbourhood with love, respect and solidarity.

That is why, at the end of the 1980's, the Lazio

Nuove opere sugli argini all'Isola Tiberina con lo sfondo dei ponti e della cupola del Tempio Maggiore

New works on the Isola Tiberina embankments with the background of bridges and the dome of Temple Maggiore.

ebraica, fortissima per carattere e per radicamento, e ormai, già da più di 2000 anni, più romana delle romane.

Così si è cominciato a scavare, per risanare l'ambiente urbano e gli edifici. E sotto la strada, a meno di un metro dalla pavimentazione stradale, dalle vecchie demolizioni, riempite di materiale di risulta, sono venute fuori le antiche murature del ghetto.

Ora sappiamo che gli edifici erano stati demoliti solo fino al futuro piano stradale, lasciando quasi intatti scantinati e spiccati dei piani terra; si trovano oggetti, nelle antiche case e nei cortili, che raccontano nuove storie, di vita comune e del legame della Roma del ghetto alla città antica, con i marmi di epoca classica riutilizzati per piccole fontanelle, stipiti di porte ed altro.

Le prime sorprese sono venute fuori alla fine di Via del Portico d'Ottavia, di fronte a ponte Fabricio. Un'intera fila di ingressi di botteghe e di portoncini di abitazioni.

Il marciapiedi accanto al Portico d'Ottavia ha restituito l'intera altezza delle colonne antiche, fino al bellissimo basamento interrato.

Lo scavo di piazza delle Cinque Scole ha offerto il piano basso dell'edificio delle Scole, ed una conferma: i fabbricati del ghetto non erano quasi mai poggiati a terra, ma fondavano su resti romani di varia fattura ed importanza.

L'ultima stratigrafia dice che le Scole poggiavano su opere murarie ottimamente conservate, di epoca probabilmente traianea.

È la conferma che questo angolo di città è vero simbolo della storia di Roma. Ne racconta già molta, storia diversa a quota diversa di terreno, e sembra che molta ne possa ancora raccontare.

Cosa c'è sotto le murature traiane? Qual è la vera quota del circo Flaminio? Da dove vengono e cosa sono le colonne e le murature antiche su cui poggiano molti degli edifici di Via Portico d'Ottavia?

Tutto questo racconta Roma e ogni pezzo di muro, ogni reperto, ogni colonna chiamano a capire e a conoscere, urlando al mondo la storia ininterrotta delle esperienze e delle emozioni che vi si sono sovrapposte. Vite legate al fiume, alla Roma più antica, alla storia della Chiesa e al gruppo di ebrei che, con alterne vicende, le ha sempre vissuto accanto, fino a questo secolo che ha voluto che il quartiere del "ghetto" scomparisse e poi tornasse a raccontare ancora.

Region and Rome's Municipality chose to start urban restoration from the "ghetto" of Rome. There you could find urban decay, with both unfinished demolitions and archaeological areas and a general historical-urban overlapping that hadn't yet been entirely studied. There was also the peculiarity of a very "Roman" resident population, with the most ancient presence "beyond" being Jewish, with extremely strong characteristics and roots, and which generally, for more than 2000 years, has been considered more Roman than the Romans.

So excavations began in order to restore the urban environment and the buildings. And less than a metre under the street pavement, amongst discarded material from old demolitions, the ghetto's ancient masonry was found.

Now we know that the buildings were demolished only to the future street level, leaving basements and foundations almost intact. In the ancient houses and court-yards, the objects that were found told up to then untold stories of common life and stories about the links between Rome's ghetto and ancient Rome. Different elements such as marble from the Classical Period, had later been re-used to make various objects such as small fountains and door-posts.

The first surprises came about at the end of Via di Portico d'Ottavia, in front of the Fabricio bridge. A whole row of entrances of shops and of small doors to houses were discovered.

The beautiful, still unearthed bases that were found under the sidewalk next to the Portico d'Ottavia, brought the ancient columns back to their former height.

The diggings in Piazza delle Cinque Scòle offered the discovery of the lower floor of the Scòle building and confirmed something important: the buildings of the ghetto were almost never anchored to the ground, but loosely founded over Roman ruins of various manufacture and importance.

The last stratigraphy revealed that the Scòle building had rested on very well-conserved building constructions, most likely of the Trajan period- confirming that this very particular corner of the city is the true symbol of Rome's history. Each level tells us about a different period of history and there still seems to be much more to be told.

What is under the Trajan walls? What is the real level of the Circus Flaminius? Where do the columns and the ancient masonry on which many buildings in Via del Portico d'Ottavia stand, come from, and what exactly are they?

Everything tells us about Rome and every piece of wall, every finding and every column call out to be understood and studied, telling the world about uninterrupted history of overlapping experiences and emotions. So many lives and events were tied to the Tiber river, to the most ancient part of Rome, to the history of the Roman Catholic Church and to the groups of Jews who, in various conditions, always lived close by. Until the 20th century when serious attempts were made to wipe out the "ghetto", but they failed as it reappeared to tell us more.

Dal recinto del Ghetto lo sguardo arriva alle memorie dell'epoca classica: è la medesima prospettiva che c'era alla sera, dai cancelli chiusi.
From the Ghetto's enclosure, this sight brings about memories of the Classic Period: it is the same perspective as from the closed gates, in the evenings.

L'Ospedale Fatebenefratelli davanti all'antica Ripa dei Giudei. L'Ospedale servì da rifugio a molti ebrei in fuga durante l'occupazione nazista del 1943-44.
Fatebenefratelli Hospital in front of the old Ripa dei Giudei. This hospital served as refuge for many Jews in flight during the 1943-44 Nazi occupation.

L'ETÀ CLASSICA: DA OTTAVIA AI DIOSCURI

THE CLASSICAL AGE: FROM OCTAVIA TO THE DIOSCURI

Il Portico d'Ottavia

The Portico d'Ottavia

La fantasia corre più dei passi quando si attraversano o si visitano quartieri ricchi di storia. Capita più volte al Foro Romano, di immaginare non tanto i monumenti completi e la città antica risorta, quanto la gente, l'incontro dei Senatori all'ingresso della Curia, patrizi e plebei ognuno con il proprio ruolo, la propria storia, i desideri e le sofferenze muoversi nello spazio che si attraversa.

Così, arrivando da Ponte Quattro Capi verso il quartiere ebraico, succede di imbattersi in costruzioni e in reperti che rinnovano la storia, quasi una stratigrafia, di questa città nella quale si sono sovrapposte storie, fasti e decadenza ormai raccontati dalla pietra, dal terreno, dalle colonne e dalle iscrizioni.

Basta un attimo in cui va giù il rumore del traffico, un momento serale o notturno più tranquillo e sembra di sentire sovrapporsi le voci e le esperienze di chi ha vissuto in questa parte di Roma durante quasi tremila anni.

Perché questo quartiere più di ogni altro nella città è segnato dalla continuità della presenza umana, dall'epoca più antica fino a quella più che vitale e composita di oggi. Poco prima del Duemila questo quartiere ha voluto riservare sorprese non facilmente immaginabili, per chi pur conoscitore o frequentatore di questi luoghi, aveva pensato che la demolizione del ghetto della fine dell'800 avesse raso al suolo con le complesse strutture edilizie di un ghetto malsano ma vivissimo, anche tutta la storia degli uomini e delle costruzioni che avrebbero potuto raccontare ancora la meraviglia del susseguirsi di mille vite sul fiume. Invece è successo.

Si scavava davanti a Ponte Fabricio fino all'angolo di Via Catalana ed alla svolta di Via del Portico d'Ottavia per dare al quartiere nuove tubazioni, nuovi cavi elettrici, un nuovo sistema ordinato di servizi. Si operava in un punto dove la strada riposava sui materiali di scarto provenienti dalla demolizione del quartiere del periodo umbertino (1885-1900). Non era rimasto in piedi nulla. Via le vecchie case che toccavano il fiume con i contrafforti ciechi, cancellato il nodo di viuzze intorno a Piazza delle Tre Cannelle, via le murature

Fantasy runs faster than legs and feet do, when crossing areas rich in history. This often happens at the Roman Forum, when imagining not so much the completed monuments and the revival of the ancient city, but the people moving around in that area – Senators at their meetings at the Curia entrance, patricians and plebeians, everyone with their own roles, stories, desires and pains.

When you reach the Jewish neighbourhood from the Quattro Capi Bridge you are overcome by buildings and findings that bring History to life. Stories of the Roman splendour and decadence are told through the stones, the earth, the columns and the inscriptions in a city which is almost a stratigraphy of overlapping stories.

During a particularly quiet evening when the noise of the city traffic calms down, you can hear the overlapping voices and experiences of those who lived in this part of Rome during the past three thousand years.

This neighbourhood, more than any other in the city, is marked by a continuous human presence, from the most ancient past until today when it is even more vital and composite than before. At the turn of the century, this neighbourhood is still able to surprise both the "connoisseurs" of the area and those who simply come here for a walk, in ways that are not easy to imagine. Whoever thought that the demolition of the ghetto at the end of the 1800's had totally destroyed the complex building structures and the history of its people in an unhealthy but very alive ghetto was wrong! The area still continues to tell us about the wonders of thousands of lives along the river.

Diggings were made in front of the Fabricio Bridge, between the corner of Via Catalana and the turn of Via del Portico d'Ottavia, to give the area a new, orderly system of services and electrical wiring. Construction work was carried out in places where the street had been paved directly on discarded building material from the Umbertine demolition from 1885 to 1900. Nothing had

Colonna e timpano del Portico d'Ottavia: si noti l'imponente trabeazione con iscrizioni , sorretta dalle esili ed eleganti colonne che gli scavi recenti hanno di nuovo riportato alla loro intera altezza.
Column and gable of Portico d'Ottavia: it is possible to note the impressive pediment with inscriptions featured on the slender and elegant columns, brought back to their original full heights once again, thanks to recent excavations.

medievali, i ballatoi di legno, tutte le disordinate stratificazioni realizzate da una popolazione chiusa nel ghetto eppure in crescita numerica.

Il cantiere invece ha trovato ben altro. Appena sotto la strada resti di murature e viuzze e, alla svolta di fronte al monumento più antico, l'incastro tra il recinto ebraico e il Portico d'Ottavia. Al nome della sorella dell'imperatore Augusto resta così legata, oltre al mondo dell'Età Classica imperiale, anche la storia più recente, come quella del mercato del pesce per cui forse il monumento è più noto e più familiare a chi è romano da sempre.

Il Portico è un po' il fulcro, il nodo di riferimento delle sovrapposizioni delle diverse epoche. Appariva ben più alto della quota attuale ai romani di duemila anni fa, quando la quota del terreno non era ancora stata modificata dalle successive costruzioni e dall'ultimo grande riempimento determinato dai nuovi muraglioni, i nuovi argini del fiume della fine del secolo scorso.

Era stata tentata circa cento anni fa, dopo le demolizioni, una nuova sistemazione urbana che non aveva però recuperato il monumento, ma solo creato con la strada in sampietrini ed il muretto basso prospiciente la Casa dei Fabii (Via del Portico d'Ottavia n° 13), un luogo di incontro dove la gente poteva sedersi a chiacchierare con chi lavorava nelle povere botteghe dei vecchi fabbricati.

Anche qui lo scavo moderno ha fatto un altro passo nella storia. Seguirlo in profondità e scoprire che quello che si vede fuori del marciapiedi è solo poco più della metà delle colonne che danno continuità al Portico, è una meraviglia che lascia senza fiato.

Si vedono così colonne, una successione agile ed elegante che aiuta a capire com'era il monumento voluto dall'Imperatore per sua sorella, con le modificazioni di epoca severiana, e quanto sia più gradevole la continuità delle colonne scoperte verso la strada vissuta e attiva di oggi.

Le pale hanno sostituito le ruspe, i picconi sono stati messi da parte e mani attente ed esperte hanno indagato, scavato, studiato e capito cosa è successo quaggiù in due millenni. Si affaccia alla memoria la storia ascoltata a scuola a bocca aperta delle ricerche sugli strati di Troia: anche qui ci sono strati e più storia, più mondi, più città ricche o indigenti, ma tutte rivolte al mondo attraverso un fiume che forse solo gli argini dei Savoia ha un po' allontanato.

Vengono fuori dal terreno rimaneggiato, man mano che si scende più in profondità, parti di pietra e manifatture dell'800; poi pezzi di ceramica medievale; quindi parti più o meno grandi di

been saved. Gone were the old houses that touched the river with their buttresses and so was the criss-cross of alleys surrounding Piazza delle Tre Cannelle. Gone were the medieval walls, the wooden balconies and all of the disorderly stratifications created by an ever increasing population enclosed in the ghetto.

Excavations found quite a different situation. Remains of brickwork and alleys were discovered directly under the street and at the curve in front of the oldest monument, the junction between the ghetto enclosure and the Portico d'Ottavia was found. This means that Octavia, who was Emperor Augustus' sister, is still connected both to the world of the Classical Imperial Age and to recent history. In fact, to those who have been Romans for generations the Portico is best known and most familiar for its fish market.

The Portico is rather the fulcrum and the reference point of the overlapping of different historical periods. It must have looked as if it was on a much higher level two thousand years ago, during the period of the Roman Empire, than it does now. This is because the surrounding area subsequently was modified by the constructions which took place during the end of the last century, such as the completion of the last great landfill, made possible through the new river embankments.

Around a hundred years ago, after the demolitions, a new urban arrangement was attempted in this area. A cobblestone street and a low wall facing the Fabii family house in number 13 on Via del Portico d'Ottavia created a meeting place where people could sit and chat with those who worked in the modest stores of the old buildings. But this arrangement didn't restore the importance of the monument.

Even in this area, through modern excavations, more history has come to light. To follow the excavations closely and discover that only the upper half of the columns that create the continuity of the Portico were visible, and that the lower parts were still under earth, is a wonder that leaves you breathless.

The agile and elegant succession of columns that we can admire today clearly shows what the monument that the Emperor had wanted for his sister originally must have looked like, including the later changes made during the Severian period. How beautiful it is to see the uninterrupted line of whole columns against the living, active street of today!

Bulldozers have been replaced with shovels and picks were put away, as attentive and expert hands have begun to investigate, excavate, study,

Colonne e case viste dagli scavi del Teatro di Marcello: il Teatro, nel periodo successivo all'epoca classica, fu la base su cui si edificarono case di abitazione, ora palazzo Orsini.
Columns and houses found during excavations at the Teatro di Marcello: the Teatro, during the period following the Classic Age, was the base on which residential homes, now Palazzo Orsini, were built.

anfore antiche e quando la datazione arriva a due-mila anni fa ci si trova davanti al basamento ri-scoperto delle colonne. Si crede allora di trova-re il terreno di fondazione, di solito distinto dal cementizio di appoggio.

Ma c'è una Roma ancora più antica che re-clama conoscenza e dignità. È la Roma del pri-mo millennio della sua storia, quella della cre-scita di una potenza che non ha avuto eguali, che si estendeva dal Campidoglio al fiume in questo incredibile spicchio di mondo.

Tra le colonne viene fuori una cavità, come una volta di mattoni, e sotto i basamenti mura-ture ancora più antiche. Non sono basi diverse da quelle che ci si attendeva, ma il resto delle de-molizioni di edifici antichissimi, probabilmente di età repubblicana, che sono rimasti a far da ba-se al Portico dell'imperatore.

Tutt'intorno tra i resti delle mura del ghetto affiorano parti di pietra antiche, utilizzate come stipiti, parti di fondazioni o murature. In un pic-colo cortile scoperto dove la strada gira, una di queste pietre era diventata una fontanella. Ora è appoggiata con cura tra i reperti degli scavi del Teatro di Marcello.

Il Portico di Filippo

Un po' più avanti ci si occupa del consolidamento dei fabbricati quattrocenteschi. Sono il risultato dei tanti interventi che hanno modificato la struttura originaria della vecchia Casa dei Fabii.

Si sistemano le fognature e si indaga negli in-terrati delle case. In uno di questi, sotto il mar-ciapiedi all'altezza del civico 9 di Via del Porti-co d'Ottavia il prospetto interno della muratu-ra regala un'altra emozione: incastrata nella ba-se che porta il fabbricato c'è una colonna anti-ca di granito di grande diametro, probabilmen-te proveniente dalle demolizioni del colonnato del Portico di Filippo che seguiva quello di Ot-tavia e che si estendeva fino all'attuale Piazza Mat-tei, quasi al bordo di Via dei Funari. Intorno al-la colonna la muratura è mista, molto rimaneg-giata, e verso il Vicolo S. Ambrogio affiora una porta murata come se fosse esistito e poi ab-bandonato un passaggio sotterraneo che colle-gava le case.

Nell'edificio a fianco, che arriva fino a Piazza Mattei e fa parte della "addizione Leoniana" - l'al-largamento del ghetto concesso nell'800 da Leo-ne XIII - vi sono in altri punti parti di interrato monumentale con spazi ampi che di certo non so-no stati in passato solo cantine, ma provengono dai rimaneggiamenti delle costruzioni medievali che si sovrapposero a quelle di età classica.

and try to understand just what happened here during the past two thousand years. Fascinating stories from school, that we listened to with open mouths, about the excavations of the dif-ferent levels of the city of Troy, come to mind. Here in the ghetto there are also layers of histo-ry, layers of different worlds with either rich or poor cities, all having something to do with the world, through the Tiber river, that only the House of Savoy was able to move farther away, through the new embankments.

As earth was slowly taken away digging deep-er and deeper, pieces of stone and different hand made objects from the 1800's, pieces of medieval ceramic, big and small parts of antique am-phorae and underneath bases of ancient columns see the light. At this point, it was thought that the ground foundation, which usually was in con-crete, had been found.

But there is an even more ancient Rome that calls out for dignity and that deserves to be found. It is the Rome of the first millennium of the city's history, that of the growth of an in-credible, unequalled power, which extended from the Capitoline Hill to the Tiber river.

Among the columns, a cavity was exposed, a brick vault which had even more ancient brick bases underneath. These bases weren't any dif-ferent from those that were expected to be found, but they were remains of demolitions of ex-tremely ancient buildings, probably of the Re-publican Age, destined to become the base of the Emperor's Portico.

Parts of foundations or masonry and parts of ancient stones which were later utilized as door-posts were found all around the remains of the ghetto's walls. In a small court-yard just where the street turns, one of these stones had even been made into a small fountain. Now it carefully rests among the findings of the excavations of the Teatro di Marcello.

The Portico di Filippo

Moving ahead, we'll now deal with the con-solidation of buildings from the fifteenth century. They're the result of the many changes made upon the original structure of the old Fabii family house.

Fermarsi per guardare oltre gli archi: la successione di archi romani di varie epoche sottolinea molti scorci della città, rimandando alla memoria periodi di grande sviluppo.
Stopping to look beyond the arches: the succession of the Roman arches of various epochs underline and recall the many periods of the city's great developments.

Lo stesso lavoro della fognatura, sempre su Via del Portico d'Ottavia, ha consentito di individuare un'altra colonna del Portico di Filippo, identica a quella interna al fabbricato, e questa volta forse nella posizione originaria. Si suppone infatti che al di sotto della pavimentazione stradale ci siano altri reperti, parte dell'ordine continuo di colonne dell'età antica. La quota del calpestio del Portico doveva essere a circa tre metri o più sotto la strada attuale, di certo ben più alto del diffuso e perfetto sistema fognario che è arrivato inalterato fino ai nostri giorni, tanto da rimanere in uso senza particolari necessità di manutenzione.

Si segue la linea di questa fognatura antica, che tuttora serve la zona a monte fino a Largo Argentina ed oltre. È una cloaca in conci di travertino che corre a 8 metri di profondità e attraversa in diagonale l'isolato tra Vicolo S. Ambrogio e Via della Reginella, che evidentemente gli si è sovrapposto. Sembra strano che alle colonne e ad una fogna ben conservata non facciano riscontro tutt'intorno altri segni di quella presenza.

Si prova a cercare, pensando che duemila anni non possono aver consentito comunque di demolire e rimuovere tutto. Si prova soprattutto a

Portico d'Ottavia: Colonne e trabeazione al cielo. È una vista che parla di antica grandezza, di memoria incancellabile, di legami alla storia e di luci nette che incidono i contorni di Roma.
Portico d'Ottavia: Columns and trabeation towards the sky. It is a sight that speaks of ancient grandeur, indelible memories, links to history and sharp visions that etch the surroundings of Rome.

Iscrizione al Portico d'Ottavia: testimone dei segni passati e di mani rispettose che di recente hanno restaurato e ordinato.
Portico d'Ottavia inscription: witness of past signs and respectful hands that have recently restored this patrimony.

Curve d'archi.
Curve of arches.

The sewer system was repaired and the basements of these houses were examined. In one of these, under the sidewalk at Via del Portico d'Ottavia number 9, inside the walls, a particular finding brought about more emotions: a large ancient column of granite was found embedded in the base which supports the building. Most likely it came from the demolition of the colonnade of the Portico di Filippo, that used to stand next to the Portico d'Ottavia, and which reached the present Piazza Mattei, almost to Via dei Funari. Around the column there are different kinds of masonry, which has been rearranged. And towards Vicolo S. Ambrogio, a walled-up door was found, as if there once had been an underground walk-way, which was later abandoned, connecting previously existing houses.

In the building next to it, which ends on Piazza Mattei and is part of the so called "Leonian addition"- the enlargement of the ghetto conceded in 1800 by Pope Leo XIII - there are parts of unearthed monuments with huge underground spaces that certainly weren't originally created to be cellars, but rather derived from the construction of medieval buildings that were built on top of those of the Classical Age.

Continuing the construction work on the sewers on Via del Portico d'Ottavia, another column of the Portico di Filippo was found. It is identical to the one inside the building and this time it seemed to actually be in the original position. It is still thought, in fact, that underneath the street pavement there must be other findings such as part of the order of columns from ancient times. The paved level around the Portico must have been about three or more metres under the actual street. But surely the pavement was on top of the large and perfect sewage system that has arrived unaltered to our times, continuing to remain in use without requiring any particular maintenance.

This ancient sewage system continues to serve the higher parts of the area up to Largo Argentina and beyond. It is a sewer in hewn stone of travertine marble that lies 8 meters deep and runs diagonally across the block between Vicolo S. Ambrogio and Via della Reginella, which were built on top of it. It seems strange that no other findings, signs of that ancient presence, have been made near the columns or this well conserved sewer.

The search continued since 2000 years of history couldn't have been entirely demolished and removed, studying, first of all, the foundations of the buildings and the course of old sewage discharges. In order to understand what had been left intact, and where construction

Successione di colonne e di archi verso il Teatro di Marcello.
Succession of columns and arches towards the Teatro di Marcello.

La base del Tempio Romano del 3° secolo sotto Piazza delle Cinque Scòle
The base of the Roman Temple under Piazza delle Cinque Scole dating back to the third century.

Foto Luca Fiorentino

seguire le fondazioni dei fabbricati, il corso dei vecchi scarichi fognari. Si ricercano nei libri le fotografie di fine secolo che mostrano le vecchie facciate delle case, per confrontarle con le attuali, per sapere cosa è rimasto intatto e dove sono avvenuti gli interventi edilizi. Se la facciata è cambiata è cambiato anche l'appoggio in profondità. Il secondo muro però, quello più lontano dalla strada, nella parte bassa non è stato toccato.

Così si scende in cantina, ci si fa spazio tra le vecchie cose abbandonate, storie di persone scomparse, di condomini che hanno escluso l'uso di scantinati malsani: da uno di questi affiora un blocco di travertino, un monolite alto 20 centimetri e troppo lungo e largo per essere un elemento di costruzioni recenti.

Dopo la pulizia del pezzo si scopre che una parte di questa casa è appoggiata su questo masso di travertino, che si trova al bordo orientale del Portico di Filippo, all'altezza di Piazza Mattei ed è forse parte dell'antica pavimentazione.

Quante altre case sono appoggiate così, a quanti appartamenti è servito l'antico Portico di Filippo, cosa è successo in tanti secoli di vita e di cambiamenti per cui oggi possiamo trovare dentro una casa una parte degli spazi dove si incontravano, dove pregavano, dove vivevano i romani antichi?

* * *

Gli edifici principali dell'età classica

Gli archeologi hanno provato, fondandosi su alcuni ritrovamenti ma ancor di più su base documentaria, a disegnare la città antica e hanno dovuto più volte, ancor più nel tempo recente, modificare e rinnovare la topografia di questo quartiere. Tornando adesso da Piazza Mattei verso il fiume, alla ricerca degli ulteriori segni di un passato ricco e affascinante, vale la pena di definire la posizione delle costruzioni principali dell'età classica.

Sulla linea di Ponte Fabricio si trovava l'antico Teatro di Marcello che ci arriva diviso tra scavo archeologico e ambito di facciata ed interno del Palazzo Orsini a Monte Savello. Allineati con questo, o meglio col suo bordo più lontano dal fiume, erano il Portico d'Ottavia e il Portico di Filippo. Il primo era contenuto su una superficie ristretta, salvo la linea di colonne che lo ornava ai due lati ed aveva nella parte posteriore, verso l'attuale Piazza Campitelli, i Templi di Giove Statore e di Giunone Regina.

Il secondo si estendeva invece dall'attuale Via del Portico d'Ottavia fino a Piazza Mattei, al bordo di Via dei Funari, ed aveva una larghez-

work had taken place, old photos of buildings were compared with recent pictures. If the façade had been changed, the supporting structures must have been altered too. However, the second wall, which is further away from the street, seems not to have been touched at all in its lower parts.

Going down into one of these cellars, passing through thrown away things which tell stories about people who are long gone, stories of apartment dwellers who had stopped using these unhealthy basements, suddenly, in one of the cellars, a block of travertine marble appears. It's a 20 centimetres high monolith, too tall and wide to be of recent construction.

After the piece of marble had been cleaned, it was discovered that a part of the house actually rested on this mass of travertine, found on the eastern perimeter of the Portico di Filippo, at Piazza Mattei, and that it could be part of an ancient pavement.

How many other houses rest upon even more ancient ruins in this way, and how many apartments have the ancient Portico di Filippo as a support foundation? What happened during all those centuries of life and changes, in a house in which we can find parts of the constructions in which the ancient Romans met, prayed and lived?

* * *

The main buildings of the Classic Age

Archaeologists, on the basis of findings and on documents, have tried to draw maps of the ancient city and often, especially in recent times, they have had to modify and renew the topography of this neighbourhood. Going back from Piazza Mattei, towards the river, in search of other signs of a rich and fascinating past, it is worth defining where the main constructions of the Classic Age can be found.

In line with Ponte Fabricio, lies the ancient Teatro di Marcello, which we can see parts of as archaeological excavations and on top of which other parts are built in as façades and interiors of the Orsini Palace at Monte Savello. Aligned with the Teatro di Marcello, or rather, with the part of it that is farthest away from the river, we can find the Portico d'Ottavia and the Portico di Filippo. The first one was built in a small area, except for the row of columns that decorated it on both sides, and in the back part, facing the present-day Piazza Campitelli, stood two temples: the temple of Jupiter Stator (Jupiter "the supporter") and that of the goddess Giunone Regina.

The Portico di Filippo stood between the pre-

Teatro di Marcello: il Colosseo del Ghetto; in realtà in epoca classica i "giochi plebei" si svolgevano nel vicino Circo Flaminio: in questi archi, invece, al piano terra, si aprivano fino alla fine dell''800, povere botteghe.
Teatro di Marcello: the Colosseum of the Ghetto; in reality, during the Classic Period, "plebeian games" took place at the Circo Flaminio: instead, under these arches, on the ground floor, there were shops of poor merchants opened until the end of the nineteenth century.

Pagina precedente/Previous page.

Il Teatro di Marcello visto dall'interno del Portico d'Ottavia: un'altra prospettiva abituale per gli ebrei che vissero rinchiusi per oltre tre secoli.
Teatro di Marcello as seen from the interior of Portico d'Ottavia: another habitual perspective for those Jews who lived closed inside there for more than 300 years.

Ghetto di case edificate casualmente, con continuità, con tetti diversi per fattura e altezza, nati per accogliere case più o meno numerose, unità accessibili dall'esterno o raccordate da anguste e ripide scale.
Ghetto of randomly built houses, with roofs different in height and craft. Toppings of numberless homes, accessible from the outside and connected by narrow and steep staircases.

za maggiore di quella occupata attualmente dall'isolato chiuso tra Via della Reginella e Vicolo S. Ambrogio.

Il Teatro e la Cripta di Balbo, oggetto di studi archeologici approfonditi, erano ancora più lontani dal fiume, nella posizione dell'attuale Palazzo Caetani e dell'isolato prospiciente verso Via dei Polacchi.

Nella parte di quartiere verso il fiume, invece, dove più fitto è stato nei secoli del ghetto il tessuto edilizio, cioè in una parte compresa tra la Via del Portico d'Ottavia e il fiume, si trovava il Circo Flaminio, che molti hanno immaginato come una vera e propria arena, omologandolo ai più noti esempi dell'epoca romana.

Di certo è nota la grande estensione del calpestio in travertino che doveva trovarsi, in piena epoca imperiale, a circa 4 metri al di sotto delle attuali Via del Tempio, Via Catalana, Piazza delle Cinque Scole. Poco si sa sulle strutture intorno, mentre è certo che la destinazione principale del Circo fossero i "giochi plebei". L'estensione e la disponibilità della superficie erano preferite allo spazio lasciato agli spettatori. Intorno si trovavano alcuni porticati, quali quelli già descritti, tra i quali la "graticola", destinata a scambi ed incontri. Doveva avere notevole dimensione, una ampiezza estesa a gran parte dell'isolato cui appartiene la chiesa di S. Maria del Pianto.

Nella zona della Piazza delle Cinque Scole, fino a pochi anni or sono Via del Progresso, una epigrafe conservata nel Museo Storico Romano individuava la posizione di uno dei due templi dei Dioscuri presenti a Roma (ricordo il più noto al Foro Romano).

La zona del Circo Flaminio

Si racconta molto del Circo Flaminio, molto più di quanto realmente si conosca e di quanto si sia ritrovato. Si è detto della grande estensione, del materiale di pavimentazione, dei portici sul perimetro.

A cosa servivano porticati di rilievo intorno ad un'area dove i più poveri avevano modo di spendere il proprio tempo libero? Forse Roma, quella antica dei pagani e degli schiavi, era più aperta e tollerante di quanto noi riusciamo a credere o di quanto sia scritto sui libri di scuola.

È avvincente oggi immaginare che valori quali la convivenza e il "rispetto" tra le diverse classi sociali abbiano contribuito alla grandezza di Roma.

Pur non conoscendo la verità è bello immaginare spazi gradevoli così destinati. Né si deve dimenticare che Roma era la città degli schia-

sent Via del Portico d'Ottavia and Piazza Mattei, on the perimeter of Via dei Funari, and was wider than the present block between Via della Reginella and Vicolo S. Ambrogio.

The Balbo Theatre and Crypt that have been studied by archaeologists were even further away from the river, where the present Caetani palace and the block facing towards Via dei Polacchi now stand.

In the part of the neighbourhood towards the river where building construction had been more intense during the centuries of the ghetto, that is in the area between Via del Portico d'Ottavia and the river, the Circus Flaminius used to stand. Many imagined this Circus to have been a true arena, like the more famous examples of the Roman period.

The enormous travertine marble slabs that during the Imperial Era paved the area, at about 4 metres under the present-day Via del Tempio, Via Catalana, and Piazza delle Cinque Scole are well known. While little is known about the structures around the circus, it is certain that it was mainly used for "plebeian games." Extension and openness were considered more important than spaces for the spectators. Some arcades were found in the surrounding area, such as those already described, among which the "grate", a place used for exchanges and meetings. It must originally have been of great dimensions, covering most of the block on which the S. Maria del Pianto church presently stands.

Near Piazza delle Cinque Scole, which until only a few years ago was called Via del Progresso, an epigraph which is now conserved in the Museo Storico Romano, used to show the exact position of one of the two temples of the *Dioscuri* (Gr., "Sons of Zeus; Castor and Pollux) in Rome. The other temple, which is more famous, is at the Roman Forum.

The Circus Flaminius area

Much more is told about the Circus Flaminius than what is actually known and has been documented, about its great extension, the kind of pavement it had and about the arcades on its perimeters.

What was the reason for building important arcades around an area where the poorest of the poor spent their free time? Maybe ancient Rome,

Dalla Roma antica grandi opere su colonne. C'è coraggio, tecnica, sapienza in ogni appoggio, nella valutazione dei pesi, nelle misure architettoniche, nella resa estetica, nel rapporto tra basi e terreno.
Great ancient Roman works on the columns. There is courage, technique, and knowledge in every support, weight calculation, architectural measurement, aesthetic yield, and relationship between bases and terrain.

vi, ma anche dei liberti, che per merito e per aver instaurato un buon rapporto con il padrone, guadagnavano una dignità in altri mondi mai concessi agli schiavi. E aiutano a ragionare così gli ebrei che tramandano la propria grande devozione a Giulio Cesare, tanto che seguirono piangendo il suo feretro.

Negli edifici che si trovano sul perimetro del Circo Flaminio continua la ricerca, a volte delusa, a volte sorprendente. Non c'è più l'antico forno nel Palazzo dei Manili, al confine tra Via del Portico d'Ottavia e Piazza Costaguti: s'è spostato nell'edificio di fronte. Ma al bordo del Tempietto del Carmelo, al piano terra ed al piano interrato, cioè nei due livelli bassi del palazzo quattrocentesco di Lorenzo Manili, le murature antiche si alternano a parti di epoca classica.

Addirittura, sull'angolo del fabbricato, proprio sulla verticale della seconda cloaca antica della zona, si trovano incastrate nella fondazione a fare da elemento costruttivo particolare ed inatteso, parti di colonna ed un capitello proveniente di certo da demolizioni. A vederle si può pensare di trovarsi di nuovo in un tempio, ma la vicinanza, la dimensione, la lunghezza delle colonne dimostrano che come molte costruzioni antiche anche qui sono stati utilizzati materiali "di scarto" che oggi risultano i pezzi più belli ed importanti della costruzione esistente.

Di fronte le linee dei palazzi sembrano interrotte quasi da un "morso". Che ci fanno muri diroccati, residui di vecchi solai di legno penzolanti, pareti segnate ancora dalla presenza di abitanti che mai avrebbero pensato alle loro case squarciate per decenni ed offerte alla vista di chi passa?

Ci sono altre parti di Roma che raccontano storie analoghe: a Piazza Vittorio, a Piazza della Rovere. La domanda che torna è perché una distruzione non seguita da un recupero? È così anche qui! Via S. Maria del Pianto, allargata da Via Arenula fino all'altezza di Vicolo in Publicolis alla fine del secolo scorso, e poi in parte salvata e rimasta stretta come prima, ha seguito la sorte di questi edifici in parte strappati alla furia demolitrice di cento anni fa.

E di nuovo andare in cantina non significa solo usare uno spazio per deposito, ma accendere una luce fioca e consumata e allungare lo sguardo sui resti stupendi dell'enorme porticato della "graticola", che lascia il suo segno proprio sotto il perimetro estremo della "spina" di S. Maria del Pianto, una sorta di prua che si protende a dividere Via del Portico d'Ottavia, che proprio in quel punto rimane e si rafforza come

with its paganism and slavery, was more open and tolerant than we imagine or than what school books say.

It's fascinating to imagine how values such as living harmoniously together, and "respect" between different social classes contributed to the greatness of Rome.

Not knowing exactly how it was, it's nice to imagine beautiful areas used in such a way. We must not forget that although Rome was a city of slaves, it was also a city of "freedmen", which were slaves of merit and slaves that had created good relationships with their owners, that earned a social position they otherwise wouldn't have had. We can thus understand why the Jews were so devoted to Gaius Julius Cæsar, to the point of crying as they followed his funeral procession.

The buildings surrounding the perimeters of the Circus Flaminius were also studied sometimes with disappointing, other times with surprising results. The old bakery isn't in the Manili Palace anymore, between Via del Portico d'Ottavia and Piazza Costaguti: it moved to the building on the other side of the street But exactly on the perimeter of the small temple called "Tempietto del Carmelo", on the ground floor and in the basement of the 15th century Lorenzo Manili palace, both ancient masonry workmanship and findings from the Classical Era can be seen.

Actually, on the corner of this building, precisely on the vertical of the second ancient sewer of the area, parts of a column and a capital were found. They were surely left over from an earlier demolition and had later been embedded in the foundation, creating a very special and unexpected constructive feature. When seeing it, it's easy to imagine being inside a temple. But as you come near it, the size and length of the column reveal that both the column and the capital were just "left over building material". Many of the oldest buildings were built in this way and today we see these pieces as the most beautiful and important parts of the existing buildings.

On the other side of the street, the row of buildings looks as if it had been "bitten." Why leave dilapidated external walls, parts of old dangling wooden floors, and internal partitions still marked by the presence of their inhabitants? Surely none of the people who lived there could ever have imagined their half way demolished homes left on display for anyone who passed by.

There are other parts of Rome such as Piazza

Pietre: gli angoli del riposo a Roma. Di animali e persone.
Stones: resting corners in Rome. Of animals and people.

"Piazza Giudia" alla quale si riferiscono tutti gli ebrei di Roma, e la Piazza delle Cinque Scole.

Non sembra casuale che quella fontana, quella di Giacomo Della Porta, che contraddistingueva la Piazza Giudea Fuori dal Ghetto, proprio di fronte alla porta di ingresso del recinto ebraico, sia stata spostata nel tempo delle distruzioni di cento anni fa, nell'attuale posizione in Piazza delle Cinque Scole. Prima di qua, adesso di là dalla "spina" di S. Maria del Pianto.

E sembra uno scherzo del destino che ci fosse scambio e vita intorno alla fontana al tempo della costrizione degli ebrei, mentre adesso, fino all'inizio degli attuali lavori in corso, questa è stata soffocata fino quasi a non essere più visibile, da un parcheggio fitto e disordinato.

È stato poi un sondaggio, fatto per conoscere i terreni della zona in profondità, a portare alla luce proprio sull'ingresso di Piazza delle Cinque Scole da S. Maria del Pianto, il reperto forse più antico degli ultimi ritrovamenti.

Dal terreno portato su dalla sonda sono emersi frammenti di legno, che gli archeologi attribuiscono a parti di pali serviti a contenere il terreno di appoggio della pavimentazione in corrispondenza del Circo Flaminio.

Ancora corre il pensiero ai tempi più antichi, a quando sorgeva di fronte il primo ponte di legno sul fiume, il Sublicio. Lo sostituì il Ponte Emilio, di cui resta oggi nel fiume quell'arco bello e inutilizzato separato dagli argini.

Era questa, sempre più certamente, la più antica delle parti abitate di Roma, la più nota di quelle attraversate da chi si spostava nella regione e doveva passare il fiume. Quella che regalò la leggenda di Orazio Coclite, ma che già gli Etruschi conoscevano ben prima della costruzione del primo ponte come la "zona del guado sul fiume".

I reperti lignei lasciano comunque aperto il campo alle ipotesi sulla loro funzione: se potevano contenere la spinta del terreno sotto al Circo Flaminio, avrebbero potuto anche consentire la stabilità di case e di portici. Una curiosità che scava in tempi remoti per i quali dal vicino Foro Boario sono arrivate di recente le conferme di una presenza umana ancora più antica di Roma.

* * *

Piazza delle Cinque Scole
L'ironia della sorte ha voluto che questo spazio, per molti decenni di questo secolo, si chia-

Vittorio and Piazza della Rovere where the same thing happened. The question that keeps coming up is: why were areas demolished but not restored? A good example of this is Via S. Maria del Pianto, which was widened at the end of the last century, between Via Arenula the Vicolo in Publicolis and then partly saved in its original state, so in the end is was as narrow as before. This street and its buildings were partly saved from the demolition fever of the end of the 19th century.

Continuing our exploration of cellars, which as we have seen were not only used as deposits, we can turn a dim light on the incredible remains of the enormous "grate" arcade. It lies precisely under the extreme perimeter of the so called "spina" (backbone) of the S. Maria del Pianto block, which has the shape of a sort of bow of a boat that stretches out and divides the Via del Portico d'Ottavia, which, at exactly that point becomes the, by all Roman Jews called "Piazza Giudia" (Jewish Square) and Piazza delle Cinque Scòle.

It doesn't seem casual that the fountain made by Giacomo Della Porta, which stood on Piazza Giudea Fuori del Ghetto (Jewish Square Outside of the Ghetto), right in front of the entrance to the Jewish enclosure, during the demolition period was moved to its present position in Piazza delle Cinque Scole. It used to be on one side, then it was placed on the other side of the division created by the S. Maria del Pianto block.

It seems like a paradox that there was a flourishing commercial exchange and social life around this fountain during the period of the Jewish enclosure, while, just until recent restoration works began, the fountain was practically invisible in its later position in a crowded and disorderly parking lot.

During small excavations, made in order to learn about the terrain in the area, perhaps the oldest of findings was brought to light at the entrance of Piazza delle Cinque Scole at the corner of the S. Maria del Pianto block.

From the soil brought up by the soil sampler, wooden fragments emerged that archaeologists considered to be part of stakes used to contain the land supporting the pavement of the Circus Flaminius.

Travertino e mattoni: il Portico d'Ottavia adesso, come si conserva, con i segni del tempo, la sovrapposizione varia di materiali e tecniche costruttive di epoche diverse.
Travertine marble and bricks: the Portico d'Ottavia today, as it is preserved, with signs of time, and various overlapping of materials and construction techniques of different periods.

masse Via del Progresso. I lavori di fine seco-lo avevano migliorato l'igiene, avevano resti-tuito più luce a quei luoghi, ma era perduto il vecchio quartiere. Erano scomparse tutte le ca-se dove gli ebrei erano stati costretti dal 1555, compreso l'edificio più importante, quello del-le Scole, dove gli ebrei avevano concentrato le cinque sinagoghe nelle quali erano divisi per provenienza e per rito.

Il Papa, infatti, li obbligò ad avere un solo tempio: da qui l'unico ingresso che dava accesso a luoghi diversi, ricchissimi all'interno per quanto povere erano le abitazioni intorno.

Il ghetto era un recinto chiuso, ma dentro, oltre le porte, pulsava attivissima la vita. Si scambiavano speranze, si leggeva, si studiava. Così nelle Scole: una sola porta e dietro quel-la un fittissimo intrecciarsi di tradizioni e usan-ze, in un'enorme ricchezza e varietà di prove-nienze e di modi, tutti ebraici e tutti sempre più romani, di essere e di vivere.

Fu un incendio (doloso?) a decretare la fine delle Cinque Scole: fu poi facile procedere al-la demolizione e liberare definitivamente dagli edifici la grande spianata che si era formata da-vanti alla Sinagoga Grande appena costruita (1904). I costruttori potevano così acquistare ed investire.

Anche qui, come nella parte di strada di fronte al Ponte Fabricio, il ghetto non fu tut-to demolito, ma solo rasato al suolo fino al livello del piano stradale. Gli edifici furono parzialmente costruiti sopra quelle murature. La Via del Progresso - adesso Piazza delle Cin-que Scole - occupò la zona di confine del ghetto verso Monte Cenci, dove passava il mu-ro che chiudeva l'antica Piazza delle Scole sul quale si appoggiava la fontanella visibile nel-le stampe e in qualche vecchia fotografia, di cui durante i lavori sono stati trovati residui delle canalette.

I lavori nuovi hanno occupato anche questa piazza. Questa volta le ruspe non hanno smos-so solo pezzi di muro: dal terreno rimaneggia-to, mentre affioravano murature integre dei pia-ni terra e degli scantinati, sono venuti fuori stuc-chi dorati. Gli stucchi delle Scole, la pittura di oro fino che tanto impegno e amore era costa-ta agli ebrei del ghetto, finiti nel materiale di riempimento delle cavità rimaste dalla demoli-zione.

Occhi esperti sono accorsi per vedere e ca-pire, piante alla mano, cosa veniva fuori del-l'edificio delle Scole. C'era tutto il piano terra, forse zone di servizio, pavimentate in matton-cini rettangolari antichi e gli spazi interrati fi-

Once again we are reminded of ancient times, when the first wooden bridge, the Subli-cio bridge, crossed the river from here. It was lat-er replaced by the Ponte Emilio (bridge), whose ruins we can still admire in the shape of a beau-tiful arch that separates the river banks.

Surely this is the oldest inhabited area in Rome and the most famous one for the people who, in ancient times, moved around the region and had to cross the river. It was here that the legend of Orazio Coclite was created, and already the Et-ruscans, long before the construction of the first bridge, knew about the "river's fording zone."

In any case, regarding the wood findings, there may be different hypothesis about what the stakes had been used for: if they had contained the thrust of the terrain under the Circus Flaminius, they could also have given stability to houses and porticos in the area as well. In fact, an earlier human presence, that is, from before the Roman Empire was recently confirmed dur-ing excavations at the nearby Forum Boario.

* * *

Piazza delle Cinque Scòle

It's an irony of fate that this area for a long period during the 20th century was called Via del Progresso (Progress Street). Through construc-tion work at the end of the 19th century sanita-tion had been improved and the area had become more spacious. But the old neighbourhood was gone. All of the houses in which Jews had lived since 1555 had disappeared, including the most important one, the Scòle building in which the Jews had concentrated their five different Syna-gogues, divided according to origin and rituals.

The Pope had compelled the Jews to have on-ly one Temple. That's why there was only one entrance to the Scòle building that gave access to the different areas inside the building, which were very richly decorated, contrasting with the extreme poverty of the surrounding dwellings.

The ghetto was an area shut off from the out-side world, but inside the enclosure it was full of life. People exchanged hopes and ideas, they read and studied. That's how life was in the Scòle building too. Behind one single door, a dense mix-

Due millenni in travertino: pietra tipica delle costruzioni romane, proveniente dalle vicine cave di Tivoli. È oramai una delle facce dell'identità delle costruzioni romane.
Two thousand years in travertine marble: typical stone used in Roman construction, found in nearby Tivoli quarries. By now this marble is considered one of the identifying facets of Roman buildings.

no all'ingresso su Via della Fiumara, l'ultima strada parallela al fiume.

Più di tre secoli di ghetto chiamavano da quelle mura. I pezzi dorati testimoniavano la fine impietosa di un tempo di sofferenza e di dignità, quando il rabbino si prostrava al papa per salvare i suoi ebrei e perpetuare con forza e caparbietà i valori della tradizione ebraica. Mentre quel pezzo di storia tornava a contatto dell'aria, si approfondiva lo scavo verso le fondazioni. Così si è ripetuto di nuovo e di più il miracolo, e insieme a questo la meraviglia, che offre questa città.

Non fondazioni, non terreno del fiume: una muratura di epoca traianea, uno stupendo incredibile arco di mattoni antichi, alti 59 cm. ognuno, formano un arco della muratura sulla quale poggiava l'edificio delle Scole. Una struttura muraria che, come quella delle Scole, era perpendicolare alla vecchia linea del fiume, quando il deposito fluviale formava la "renella", che diventò poi, nei secoli del ghetto, la "Ripa dei Giudei". Fatti gli argini, gli edifici attuali seguirono la linea del fiume modificata, perpendicolari a questa e perciò ruotati rispetto alla murature antiche.

Ecco cos'era il fiume che segnò ed ora racconta la storia di Roma. Una determinante via d'acqua, per cui furono costruiti i magazzini sul fiume che oggi tornano alla luce. Erano ambienti paralleli tra loro, aperti sul fiume con volumi che finivano seguendo la risalita del terreno intorno alle sponde. Tornano le immagini della vita antica: barche sul fiume, mercanti, scambi commerciali, e la fatica di chi costruisce e di chi lavora che ogni giorno si rinnova sul fiume.

E chi, condizionato dalla scuola, pensa alla Roma di Cesare, di Cicerone, di Augusto, come alla città forte ed estesa di duemila anni fa, torni alla riflessione sull'estensione nel tempo dei fasti di Roma.

Si possono provare a confrontare con questo nostro tempo e con i continui cambiamenti che ci propone e ci impone, i trecento anni più grandi della storia di Roma: è un periodo incredibilmente lungo, fatto non solo delle costruzioni e dei monumenti imperiali, ma di un fitto susseguirsi di esigenze, di espansioni territoriali e di ampliamenti della città.

Se Augusto aveva edificato il Portico, Traiano aveva segnato questa parte di Roma con altre opere imponenti per dimensione ed eccezionali per qualità dei materiali e modalità di costruzione. Gli studiosi sono ancora alla ricerca di quanto grande sia quest'opera di ingegneria edile.

ture of traditions and customs, an enormous amount of different origins and ways of existing and living together. All of them Jewish and as time went by more and more Roman.

A fire (was it an arson?) put an end to the Cinque Scòle building. After that it was easy to proceed in demolishing the rest of the buildings on the big flat area that had been created in front of the new Synagogue, built in 1904. In this way builders could buy and invest in the area.

Even in this area, just like in the part of the street in front of the Ponte Fabricio, the ghetto wasn't completely demolished, but only torn down until street level. New buildings were partially built on the old foundations. Via del Progresso - now Piazza delle Cinque Scòle – was in the outer part of the ghetto towards the Monte Cenci hill, near the wall that closed the ancient Piazza delle Scòle. A small fountain stood on the wall, which we can see in old prints and photographs, and under the wall pieces of drain pipes were, in fact found.

New construction work occupied even this square. Bulldozers were used again, but this time not only to move pieces of walls. In the shuffled earth not only whole ground floor- and cellar walls were found but also golden stucco-work saw the light. The golden stuccos from the Scòle building, painted with such love and care by the Jews in the ghetto, had ended up as land fill in earlier demolitions.

With maps in their hands, experts rushed to see what was left of the Scòle building. They found the entire ground floor, seemingly the service area, paved with ancient rectangular bricks and cellars up to the entrance on the Via della Fiumara, the last parallel by the river.

More than three centuries of ghetto called out from those walls. The golden pieces of craftsmanship told of the pitiless end of a period of suffering and dignity. A period of time during which the Rabbi tried to perpetrate the values of Judaism with strength and obstinacy, bowing down to the Pope, and desperately begging him to help save the Jews. As the excavations went deeper towards the foundation, that piece of history came to light. What was found was another miracle offered by this city.

Il Portico d'Ottavia visto da fuori del Ghetto: è quello che vede chi arriva da piazza Campitelli attraverso via S. Angelo in Pescheria: il lampione in ghisa è tipico della zona.
Portico d'Ottavia as seen from outside the Ghetto: it's what is seen by people arriving from Piazza Campitelli, through Via S. Angelo in Pescheria: the cast iron street lamp is typical of the area.

Foto Luca Fiorentino

Teatro di Marcello e Palazzo Orsini: prospettiva di case su archi.
Palazzo Orsini è proprio per questo un edificio murario unico.
Teatro di Marcello and Palazzo Orsini: perspective of houses on
arches: precisely for this reason, Palazzo Orsini is a unique building
construction.

Il Tempio Romano: la datazione al 3° secolo si deve alla provenienza
delle pietre (Turchia?).
The Roman Temple: its dating back to the third century is due to
the provenience of its stones (Turkey?).

Continuano a scavare, credendo che la fognatura più recente interrompa la continuità delle murature; invece un altro miracolo si compie nel cantiere del ghetto. La fognatura è profondissima, circa 9 metri. È la stessa cloaca che corre sotto il Palazzo dei Manili. È conservata così bene adesso come lo era quando gli ingegneri addetti decisero cento anni fa di non rinnovarla, lasciando integre e continue le murature di Traiano.

Lo scavo prosegue ed offre ancora murature antiche e continue, estese probabilmente sotto tutta la piazza. Tra queste murature ne affiorano altre di epoca medievale: non sono quelle classiche, né quelle del ghetto. Sono residui di altre demolizioni volute da papa Paolo IV alla metà del 500 per il completamento del quartiere nel quale intendeva rinchiudere gli ebrei. Sono quelle rasate per far spazio alla costruzione del muro di confine del ghetto verso Monte de' Cenci.

Era in questo punto che la pianta ritrovata in via Anicia individuava la posizione del Tempio dei Dioscuri, un edificio monumentale con cella interna contornato da colonne e arricchito dalle statue di Castore e Polluce.

Altro tempo, la metà del 500, e altra sorpresa, chissà quale, per chi trovò durante il lavoro per la costruzione del muro del ghetto le statue dei Dioscuri. Mancavano alcuni pezzi che furono ricostruiti, e le statue furono portate in Campidoglio dove tuttora ornano la sommità della scalinata del Palazzo Senatorio.

Le statue sono tornate alla luce da 400 anni, ma l'area del Tempio, indicata dalle carte archeologiche, non è stata identificata con sicurezza. Qui non ci sono solo strati di diversa epoca come al Portico d'Ottavia, ci sono zone diverse, stratificate in altezza, ma anche distinte dalla diversa distanza dal fiume.

Le Scole sopra le murature di Traiano, il muro medievale tagliato dal ghetto e il muro di confine di questo che corre sopra la fognatura antica, il terreno rimaneggiato che rivelò la presenza delle statue dei Dioscuri.

Quando lo scavo è stato completato, prima di procedere con i lavori per la realizzazione del cunicolo dei servizi, è stato fatto un saggio stratigrafico, giusto per sapere se vi fossero altri strati, altre opere murarie più antiche, in una zona che aveva già riservato numerose sorprese.

Quello che è successo è sembrato a metà il rinnovarsi di un miracolo e un gioco da ragazzi: come quando si cancella con la gomma e si trova un'altra figura, quando si completa un disegno scoprendo il quadrato mancante.

This time it was neither foundations nor river terrain that saw the light, but an incredible, fantastic walled arch from the Trajan Period, made of 59 cm. high, ancient bricks that formed the foundations of the Scòle building. A wall structure that just like the Scòle structure was perpendicular to the old course of the river, at the time when the river deposit formed the river banks which, later on, during the centuries of the ghetto, would become known as the "River bank of the Jews" Then the embankments were made and the present buildings were built perpendicularly to the new course of the river, and that's the reason for which they are "rotated" in relation to the ancient walls.

This is the river that always has had an important role and which continues to tell us about the history of Rome. An important waterway, on which there were parallel warehouses, that in these diggings were found. They stood on the river banks and were open towards the river. These were times with river boats, merchants, commercial exchanges and with the fatigue of the people who built and worked on the river every day.

Those who, conditioned by school, think about the Rome of Cæsar, Cicero and Augustus only as the strong and vast city of two thousand years ago, should also reflect upon how long Rome's splendour lasted.

We can try comparing our times, with the continuous changes that are proposed and imposed on us, with those of the greatest three hundred years of Roman history. This very long and grandiose period was not only made up of great buildings and imperial monuments, but also of an intense increase of needs, of territorial conquests, and of a general expansion of the city,

Augustus had let build the Portico d'Ottavia, but Trajan left his mark on this part of Rome with other impressive works as to dimension and to the exceptional quality of the materials used as well as to the way of construction. Scholars are still studying just how great these works of architectural engineering were.

As excavations continued, it was thought that the more recent sewage system would have somehow destroyed the continuity of the ancient masonry. But another miracle took place in the building yards of the ghetto. The sewage system which was extremely deep, at around 9 metres down, was found to be the same sewer that runs under the Manili Palace. It was just as well preserved as it was when those specialized engineers, a hundred years ago, decided not to rebuild it, leaving intact the Trajan walls.

Further excavations offered more uninterrupted ancient brickwork and it seemed as if it

Foto Luca Fiorentino

Scavi al Teatro di Marcello: uno degli ingressi all'area archeologica che si trova tra il Portico d'Ottavia e il Ponte Fabricio verso l'Isola Tiberina.
Excavations at Teatro di Marcello: one of the entrances to the archaeological areas between Portico d'Ottavia and Ponte Fabricio, towards Isola Tiberina.

Tempio Romano e vecchie fognature a Piazza delle Cinque Scòle: un ritrovamento.
Roman Temple and old sewages at Piazza delle Cinque Scole: a discovery.

La posizione è certa, è quella di un edificio monumentale, forse un tempio, sotto quella che fu la piazza antistante le Scole degli ebrei del ghetto, nascosto a tutti per decine di secoli, in attesa di rivelare un'altra parte ancora poco nota della storia della città.

Una città che parla di vita per luoghi, per strati successivi, per spazi e muri e che offre oggi alla curiosità e alla riflessione l'edificio monumentale, di certo tra i ritrovamenti più importanti a Roma in questo secolo.

Di nuovo lo spicchio di città parla al mondo e racconta la ricchezza di ogni iniziativa umana che vi si è succeduta. Di nuovo gli antichi dicono come è cresciuta la grandezza di Roma e tutto quello che oggi è visibile spiega cosa è stato poi, dopo la fine dell'impero, nei secoli bui e in quelli difficili della ricostruzione, fino a quando nel 1555 una Bolla papale obbligò tutti gli ebrei di Roma, e poi dei luoghi della Provincia Pontificia, a risiedere nel ghetto: il periodo nel quale furono azzerate le preesistenze edilizie nella zona, salvo quelle che fecero poi parte integrante del tessuto urbano entro le mura.

* * *

Il crogiolo di storie millenarie

I libri di storia raccontano di personaggi, fatti, battaglie e trasformazioni avvenuti nella città nell'arco di molti secoli dopo la fine dell'impero romano. Sono fatti legati a vicende particolari, che narrano, ad esempio, la tolleranza di Gregorio Magno verso gli ebrei, che nella sua Bolla invita a non usare la violenza; oppure l'arrivo a Roma di Carlo Magno per la sua incoronazione. Ma sono secoli oscuri, dei quali rimangono scarsissime testimonianze, e queste sono per lo più legate alle persone che non ai luoghi, in un arco di storia nel quale Roma assume sembianze diverse ed inattese.

La città imperiale dimentica i monumenti, le grandi strade lastricate, i centri di incontro e di spettacolo, e vede crescere intorno a quelle che diventeranno antiche rovine, vegetazioni spontanee che saranno destinate più al pascolo di pecore che all'incontro di persone.

La popolazione residente, che si dice avesse raggiunto al tempo di Augusto quasi un milione di abitanti, si riduce fino a poco più di centomila anime. È il tempo della crescita della potenza di alcune famiglie nobili, che si contendono fette di potere e parti, tutto sommato esigue, di territorio.

Intorno al 1000 crescono gli scontri per la

extended under the entire square. Among these findings there were walls from the Medieval Era. They were neither from the Classical Age, nor from the ghetto, but simply left over building material from other demolitions ordered by Pope Paulus IV during the middle of the 1500's in order to complete the area in which he intended to enclose the Jews. They were foundations from buildings that had been torn down to make space for the construction of the bordering walls of the ghetto towards the Monte de' Cenci hill.

It was also here that the plans found in the Via Anicia singled out the position of the Temple of the *Dioscuri*, a monumental building with an internal cell surrounded by columns and decorated with the statues of Castor and Pollux.

What a surprise it must have been for those who in the middle of the 1500's were building the ghetto wall, to find these statues. Some pieces of the statues were missing, but they were restored and brought to the Capitoline Hill where even now they decorate the top of the majestic flight of stairs that leads to the Senator's Palace.

These statues came to light more than 400 years ago, but the exact position of the Temple, as indicated by archaeological maps, has not been identified with total certainty. In this area not just different layers from different periods of time were found, as in the area of Portico d'Ottavia, but rather different zones, layered by height and differing from each other according to their various distances from the river: the Scòle building on the Trajan walls; the medieval walls interrupted by the ghetto and the border wall of this which runs on top of the ancient sewer; the altered terrain that revealed the presence of the Dioscuri statues.

When the excavations were finished, before proceeding in creating a trench duct, a stratigraphical sample was carried out, in order to understand if there were other layers and even older walls, in an area that had already surprised very much.

What happened seemed halfway between a miracle and a child's game, just like when you cancel a drawing with an eraser, only to find another figure appear underneath, or when you complete a puzzle finding the missing piece.

A monumental building came to light, perhaps a Temple. It was under what used to be the square in front of the Scole building of the ghetto. And it had been hidden from everyone for thousands of years, just waiting to reveal other still unknown parts of the city's history.

Surely, this monumental building was one of the most important findings of this century, in

Nero e bianco su colonne romane: si legge tutto il contrasto tra i bianchi e i neri, venature naturali, chiazze di pietra abituali nello scenario delle luci e ombre cittadine.
Black and white on Roman columns: one can note all of the contrasts between black and white, natural veins, patches of stones common to the city's scenery of light and shadows.

conquista di singoli quartieri, in una lotta continua e confusa diretta da un palazzo fortificato contro un altro. Questi palazzi e le costruzioni medievali costituite da edilizia minore che via via modificano il volto della città, sono i testimoni di quanto andava accadendo. Memorabile è rimasta la battaglia tra i Pierleoni e i Frangipane, che intorno all'XI secolo interessò, partendo dal Palazzetto dei Pierleoni, di fronte all'attuale Piazza in Piscinula, la zona dell'Isola Tiberina fino al Teatro di Marcello.

Nel periodo medievale più scarno di notizie, gli ebrei avevano conservato una cospicua residenza in Trastevere, intorno all'antica sinagoga di Vicolo dell'Atleta. Qualcuno si era trasferito in Campo Marzio, sembra un migliaio di persone, intorno ad una nuova sinagoga. Altri abitavano in Rione S. Angelo, tanto da dare il nome alla *Ruga Judeorum*, che diventerà poi la Via Rua del ghetto.

this city where places, layers, areas and walls all speak about life. An occasion for thoughts and reflections.

Once again, this piece of the city tells the world about all the human initiatives that created it. Once again we are told of how ancient Rome grew in magnificence. And everything that we can see today explains what Rome became after the end of the Empire, during the Dark Ages and in those difficult periods of reconstruction. Then, in 1555, a Papal edict obliged all of the Roman Jews, and then all of the Jews living in the Papal Province, to reside in the ghetto. During this period, all of the pre-existing buildings were torn down in the area, except for those which became an integral part of urban structures within the walls.

* * *

A melting pot of thousand of years of history

History books tell about important people, facts, battles and about changes that occurred in the city during the many centuries after the end of the Roman Empire. Things connected to particular situations such as, for example, the tolerance the Pope Gregory I the Great showed towards the Jews and how in his edict it was suggested not to use violence towards them. Or about how Charlemagne came to Rome for his coronation.

But these are dark centuries and not much evidence has been found. Most of what has been found refers to people and not to places, in a period of time in which Rome changed in unexpected ways.

The city forgets about its great monuments, large paved streets and meeting- and entertainment areas. Weeds and grass grew everywhere around what was to become ancient ruins and grazing land for sheep.

The residing population, which supposedly had reached almost a million people at the time of Augustus, shrunk to less than one hundred thousand souls. At this time the power and influence of some noble families, who competed for power and territorial conquests, grew considerably.

Around year 1000, battles increased in order to conquer single areas, in a continuous and confusing struggle conducted by one fortified palace against another. These palaces and medieval constructions made up of less important buildings gradually modified the city, and bear witness of what happened. A memorable battle was that between the Pierleoni and Frangipane families in the eleventh century. This battle was concerned with conquering the area starting from the Pierleoni Palace, in

Qualcosa di nuovo, tuttavia, ha fatto luce recentemente su quest'epoca densa di piccoli fatti, ma scarna di notizie sui luoghi. Sono dati frammentari, ancora incerti per datazione e oggetto dei ritrovamenti. E sono ancora gli scavi dei lavori nella zona di Via del Portico d'Ottavia a far parlare il sottosuolo e quanto questo contiene.

Questa zona dimostra ancora una volta di essere il crogiuolo di storie millenarie. Sembrava ci fosse un salto tra le scoperte risalenti all'età classica e quelle di epoca rinascimentale e del ghetto. Invece, mentre ancora si scava, si sta colmando il vuoto. Si è detto del Portico d'Ottavia, del basamento riapparso delle colonne, delle vestigia ancora più antiche su cui queste poggiano. Ma scavando, proprio tra i marciapiedi e la prima colonna che sostiene la trabeazione, sono state scoperte due fosse di sepoltura a non più di due metri di profondità. In una di queste c'erano alcuni scheletri, uno probabilmente di bambino, risalenti all'epoca medievale.

Gli studiosi non danno ancora indicazioni certe. La storia dei legami e dei luoghi di allora suggerisce nell'attesa immagini di guerre convulse intorno al Teatro di Marcello, di fatti quotidiani di sofferenza o violenza, di pestilenze che flagellarono la città.

È comunque inatteso un ritrovamento come questo a ridosso dei monumenti, nel luogo dove si sviluppò per molti secoli il mercato del pesce, per cui il Portico d'Ottavia e le vie intorno sono ancora famose.

Il mercato funzionava intorno alle colonne, tra il monumento antico e la Via di Pescarìa. Era composto di banchi all'aperto e di botteghe. Richiamando un'immagine più attuale si può dire che si concentrava qui il commercio del pesce, diviso tra piccoli esercizi all'aperto e veri e propri negozi più importanti ed organizzati. I banchi erano costituiti da pietre di provenienza antica che famiglie benestanti davano in affitto ai pescivendoli, rendendo fitto e colorito l'incontro commerciale ed umano.

Le botteghe erano sorte coprendo i pavimenti antichi, incastrate tra parti di murature e colonne, creando una sovrapposizione edilizia casuale per crescita e che oggi appare molto caratteristica. Una delle botteghe, ancora non datata, è stata ritrovata a poco più di un metro di profondità tra due colonne del portico, a meno di tre metri dalla fossa di sepoltura.

Si vede la soglia di ingresso in travertino e il piccolo spazio della bottega. Proprio in un angolo del portico c'era ancora, lesionata, la

front of the present Piazza in Piscinula, to the Tiberina Island and up to the Teatro di Marcello.

According to the little evidence we have from the Medieval Period, the Jews seemed to have continued living in the Trastevere area, near the ancient synagogue in Vicolo dell'Atleta. Some people, around one thousand persons, moved to the Campo Marzio, near a new synagogue. Others went to live in the Rione S. Angelo neighbourhood which was given the name *"Ruga Judeorum,"* which later became the Via Rua in the ghetto.

Nevertheless, something new was discovered about this period dense in detail, but with little information about places. What we have is bits and pieces with uncertain dating. Once more, the excavations in the area of Via del Portico d'Ottavia have something to tell.

This area once again reveals itself as the melting pot of thousands of years of history. There seemed to have been a leap between the discoveries dating back to the Classical Age and those from the Renaissance and from the ghetto. But while the excavations were going on, this gap started to be filled up. We have already told about the Portico d'Ottavia, whose bases of columns reappeared and so did the even more ancient remains on which they rest. But when diggings were made between the sidewalks and the first column that supports the trabeation, two graves at a depth of less than two metres were discovered. In one of these there were some skeletons from the Medieval Period, of which one seems to be that of a child.

Scholars are still unable to give precise indications about these skeletons. In the meantime, stories about places and about the relations between places in those times make us imagine convulsive wars around the Teatro di Marcello, daily suffering and violence and pestilence that scourged the city.

In any case, to find something like this near the monuments in the place where the fish market had been for hundreds of years and for which the Portico d'Ottavia and the nearby streets are still famous, was completely unexpected.

The market was held around the columns, between the ancient monument and Via di Pescarìa. It was made of open air stands and small shops. In recalling a more contemporary image, one could say that this is where all fish trading was

Discesa ai nuovi scavi del Portico d'Ottavia: è la sistemazione recente realizzata dalla Soprintendenza comunale: pensata come un percorso ideale che collega l'antico Ghetto al Campidoglio. Descent into new excavations at Portico d'Ottavia: it is the recent arrangement made by the Municipal Superintendent, considered to be an ideal course connecting the ancient Ghetto to the Campidoglio.

vaschetta per la pulizia del pesce. Sotto a questa resti antichi di gusci di telline e di ostriche. Nel punto di scarico della vaschetta faceva da tappo un pezzo rotto di un'anfora antica, inserito capovolto nel buco.

È il mondo di questa zona e degli scambi che vi si sono succeduti che torna a raccontare e i fatti quotidiani, i piccoli particolari di una città ridotta per dimensioni, ma che conservava la propria peculiarità legata ai monumenti che spiegano come Roma, anche nei momenti più difficili della sua storia, sia riuscita a conservare quei tratti di identità che non l'hanno mai abbandonata.

Colonne: una successione grave, cadenzata, pezzi di secoli che si succedono e risuonano dai monumenti alle povere case che vi si affollano intorno.
Columns: an important succession, rhythmical, pieces of centuries that follow one another and echo from the monuments to the poor houses crowded all around.

Prospettiva del Portico d'Ottavia: come vedere lo stesso luogo da numerose angolazioni, e coglierlo lo stesso o trasformato, più rotondo, più chiaro, più angusto, più muto o chiassoso, come le emozioni che al suo interno ancora si rincorrono.
Perspective of Portico d'Ottavia: it is like looking at the same place from numerous angles, and appreciate it as the same or transformed, rounder, clearer, more cramped, muted or noisy, as the emotions still pursuing inside it.

done, in small businesses in the open and in real, more important and organized stores. The counters were made of ancient stones that well-off families rented to the fish sellers, which made this meeting between human beings and business meeting dense and colourful.

The shops stood on the ancient pavement, fit in between walls and columns, creating a casual overlay, which today looks very characteristic. One of these shops, still undated, was found just about one metre under earth between two columns of the arcade, less than three metres from the grave.

You can see the threshold of the entrance in travertine marble and the small insides of the shop. In a corner of the arcade there is still a damaged basin that was used to clean fish. Under it there were ancient remains of cockle and oyster shells, as well as a broken piece of an antique amphora, inserted upside down in the hole of the basin, to block the drain.

It's the world of this area and of the exchanges that took place that come back to tell us about daily life, small details of a yet smaller city. A city that preserved its characteristics connected to the monuments which explain how Rome, even in its most difficult moments, was able to maintain those traits of identity that have never abandoned the city.

I CANCELLI SUL TEVERE: IL PERIODO DEL GHETTO (1555-1870)

THE GATES ON THE TIBER RIVER: THE PERIOD OF THE GHETTO (1555-1870)

Tra Via della Fiumara e il Portico d'Ottavia

Between Via della Fiumara and the Portico d'Ottavia

Era ancora una volta un ebreo in catene quello che il 12 luglio del 1555 entrava nel recinto del nuovo ghetto. Alle spalle aveva mille storie, fatte di tempi magici, di benessere e delle ripetute e terribili persecuzioni che gli ebrei avevano dovuto subire dall'epoca della dispersione del 70 d.C..

C'erano state le tante angherie volute dai papi, che tuttavia avevano tollerato una comunità ebraica viva nella città sede e capitale del loro potere temporale.

Adesso arrivava il recinto. Gli ebrei non dovevano essere uccisi, ma perseguitati con angherie più che con massacri. Rimanevano lì con la loro presenza a ricordare ai cristiani l'"errore" di non riconoscere il Messia, a ricordare all'antisemitismo cristiano che si rafforzava chi aveva "ucciso" Gesù Cristo.

Quel 12 luglio i poco più di tremila ebrei varcavano il recinto, oltre quei cinque cancelli entro i quali la comunità sarebbe rimasta chiusa fino al 1870. Si lasciavano alle spalle difficoltà indicibili nella Roma del papa, ma residenze sparse in tutta la città, più frequenti in Trastevere.

Rimane ancora oggi in Vicolo dell'Atleta, a pochi passi da Piazza in Piscinula, un loggiato di un edificio che nel '300 ospitò la sinagoga degli ebrei di Trastevere.

Si rafforzava, di fronte all'obbligo papale, il legame interno di un gruppo che aveva rischiato solo pochi decenni prima lo scontro interno. Infatti era in una Roma poco popolata, presso una comunità esigua numericamente, che era arrivata dalla Spagna e dalla Sicilia una nuova numerosa comunità ebraica in fuga.

Dai cattolici ai cattolici, si potrebbe dire! L'Inquisizione regnava in Spagna, protetta dalla regina. L'inizio del '500 aveva visto con il matrimonio tra Isabella di Castiglia e Ferdinando di Aragona, l'unificazione dei regni di Spagna e del Meridione d'Italia. L'onda della persecuzione e della cacciata aveva inseguito una popolazione ricca di storia e di cultura. Nel 1492 in Spagna, nei primi anni del '500 in una Sicilia che aveva visto la propria anti-

Once again it was a Jew in chains that entered the enclosure of the new ghetto on July 12th, 1555. Stories of magic periods in the past, of well-being as well as of terrible persecutions that the Jews had been victims of ever since the period of the Diaspora in 70 A. D. weighed on his shoulders.

Even if there had been oppression towards Jews on behalf of the Papacy, a living Jewish community had nevertheless been tolerated in the city which was the seat and the capital of the Roman Catholic Church's temporal power.

This time, when the Jews were closed into the ghetto, they were not to be killed, but rather just harassed. They just had to stay in there, reminding Christians of the "mistake" they had made in not recognizing the Messiah and of the fact that they had "killed" Jesus Christ, thereby strengthening Christian anti-Semitism.

On that memorable July 12th, the just over 3,000 Jews were forced to pass through those five gates inside which the community would remain until 1870. They didn't just leave behind great difficulties that they had lived through in the city of the Popes, but they also left homes scattered throughout the entire city, most frequently in the Trastevere area.

In Vicolo dell'Atleta, just a few steps from Piazza in Piscinula, we can still see an open gallery of a building that hosted the Synagogue of the Jews in Trastevere in the 1300's.

In order to deal with the papal obligation, relations were reinforced within this group of people, which had internal conflicts just a couple of decades earlier. In fact, large numbers of Jews fleeing from Spain and Sicily, had come to be part of the numerically big Jewish community in a sparsely populated Rome.

From Catholics to Catholics! The Inquisition which ruled Spain was protected by the Queen. The beginning of the 1500's had seen the matrimony between Isabella of Castile and Ferdinand of Aragon and through this union, the unification of the Kingdom of Spain and the Kingdom of Southern Italy. A wave

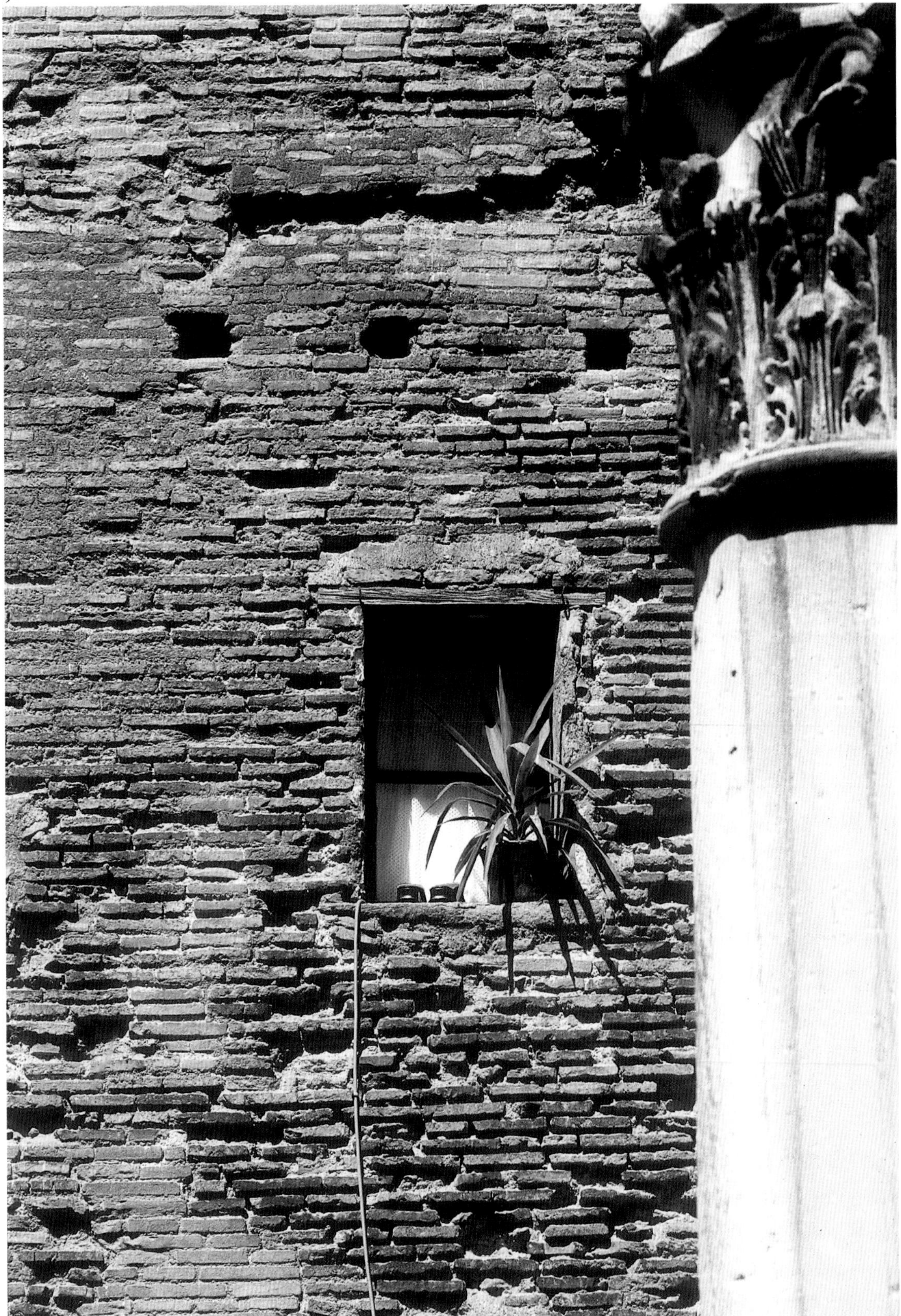

ca popolazione ebraica arricchirsi di colpo con l'arrivo degli ebrei iberici.

Furono decenni di trasformazioni, di tragedia, di fughe per terra e per mare. Ne furono interessati il nord Europa, la Sardegna, varie parti d'Italia e il bacino del Mediterraneo, soprattutto nelle isole greche, in Turchia e nel nord Africa.

Il sud della Penisola vide un'onda in fuga che saliva. Per gli ebrei di Roma fu un periodo difficile, nel quale la popolazione già presa di mira

Pagina precedente/Previous page.

Immagine-simbolo di Roma: c'è casa, storia, vita, città. Una finestra su un muro che da solo racconta storie, una pianta alla finestra che sa di cura recente, una colonna messa a memoria degli antichi che calcarono questi luoghi, dell'abitudine dei romani a vedere tutto questo. Perciò CASA per molti Ebrei.
An image, symbol of Rome where there's home, history, life and city. A window opening on a wall that tells a story. A plant on the window that speaks of recent care, a column remembering ancient people who inhabited these surroundings and of Romans used to all this. Therefore, HOME for most of Jews.

Una strada che sale finalmente al sole, seppure per poche ore del giorno. Il sole ha preso la giusta angolazione: in pochi minuti cederà di nuovo posto alle ombre lunghe, ben prima che si faccia sera.
A street in sunlight, at least few hours a day. The sun is in the right angle, in a few minutes it will give ground to long shadows, well before sundown.

of persecution and expulsion followed the Jewish population, rich in history and culture. In 1492 in Spain and in the early 1500's in Sicily with the sudden arrival of Iberian Jews from Spain, the ancient Sicilian Hebrew population became larger.

These were decades full of changes, tragedies and flight, by land or by sea. The areas involved were northern Europe, Sardinia, as well as various parts of Italy and the Mediterranean basin, and above all the Greek islands, Turkey and north Africa.

The southern part of the Italian Peninsula saw a wave of refugees coming north. For the Roman Jews it was a difficult period, in which a population that was already harassed by the Pope had to welcome a very big group of Jews with strong identities from different parts of the world.

But there was more to come. Later papacies first wanted to force the Jewish residents from Rome inside the ghetto and then do the same with those who had come from other parts to the Lazio region.

From the middle to the end of the 1500's, numerous Jews came to Rome from many small towns such as Veroli, Cori, Segni, Sermoneta, Castro nei Volsci, Alatri, Ferentino and Cave to live in the ghetto.

This could have been the beginning of a tragedy, a sort of Tower of Babel, considering the difficulty in finding harmony among so many different people. But the Jewish tradition once again worked as a unifying element. The two Italian Scòle traditions, Temple and Nova, lived for more than three centuries side by side with the two Spanish Catalonian and Castilian traditions, as well as with the Sicilian tradition.

People with five different origins were enclosed in the same area, and the Jews were allowed to leave the enclosure only from dawn to sunset. It was an extremely small area. To walk around there now leaves you with a mixed sense of wonder and loss.

The first ghetto was in the area between the present river banks and the river side of the present Via del Portico d'Ottavia, between the Fabricio bridge and the corner of Piazza delle Cinque Scole.

Under the present Lungotevere, Via della Fiumara, from which you entered the buildings which stood on a precipice on the river, facing the Tiberina Island

It was just on the border of the ghetto, where a sand strip had been deposited by the river, that it was possible to reach the water. This area was called the "Ripa dei Giudei," (river bank of the Jews) and was the only point from which this

Un arco del Portico d'Ottavia, il cancello della chiesa di S.Angelo in Pescheria, una porta vera, una finestra murata che inscrivono decorazioni, travertini, architravi; c'è fatica, volontà, storia di ebrei e di cristiani: storia.
An arch of the Portico d'Ottavia. The gate of the church of St. Angelo in Pescheria. A real door, a walled window, inscribing decorations, marbles and archivolts. Labour, will and history of Jews and Christians alike.

Ingressi ad arco di palazzi patrizi subito fuori del perimetro del ghetto: vi abitavano storiche famiglie facoltose di Roma, al bordo del recinto dove si muoveva la moltitudine povera che alla sera tornava nei cancelli.
Arched entrance ways to patrician palaces immediately outside the ghetto area. Wealthy Roman families resided here, right next to the perimeter where the huddled, poor mass of the ghetto lived before returning inside the gates.

dal papa doveva accogliere, proveniente da diverse parti del mondo intorno, un gruppo ebraico fortemente identificato e più numeroso.

Non bastò neanche questo. I papi vollero, in pontificati successivi, prima chiudere nel ghetto gli ebrei residenti a Roma, poi concentrarvi quelli che da diverse provenienze si erano raccolti nelle comunità del Lazio.

Dalla metà alla fine del '500, da Veroli, da Cori, da Segni, da Sermoneta, da Castro nei Volsci, da Alatri, da Ferentino, da Cave e da tanti altri piccoli centri, arrivarono a Roma per rimanere nel ghetto molti altri ebrei.

Poteva essere l'inizio di una tragica convivenza, una Torre di Babele che difficilmente avrebbe potuto trovare un modus vivendi. Invece la tradizione ebraica fu ancora una volta il forte anello di aggregazione. Così le due Scole italiane, la Tempio e la Nova, vissero per più di tre secoli vicino alle due spagnole, la Catalana e la Castigliana, e a quella Siciliana.

Cinque diverse provenienze in un solo recinto, dal quale gli ebrei potevano uscire solo dall'alba al tramonto. Era uno spazio piccolissimo che a camminarci oggi lascia addosso un senso misto di meraviglia e di smarrimento.

Il primo ghetto era esteso tra l'attuale linea degli argini e il bordo verso il fiume dell'attuale Via del Portico d'Ottavia, e dal Ponte Fabricio all'angolo di Piazza delle Cinque Scole.

Sotto al Lungotevere si estendeva Via della Fiumara, dalla quale si entrava negli edifici che sull'altro lato guardavano l'Isola Tiberina finendo a strapiombo sul fiume.

Era sul bordo del ghetto, sulla lingua di sabbia depositata dal fiume, che nella stagione migliore si poteva raggiungere il Tevere: era chiamata la Ripa dei Giudei, l'unico punto da cui una popolazione segregata poteva allargare lo sguardo verso un orizzonte più ampio delle minime distanze tra le case del ghetto. Quelle case che si credevano scomparse, lo sono state solo nei punti dove più profondo è stato l'intervento di smantellamento e di ricostruzione. Dove sono gli argini e le grandi opere idrauliche a ridosso di questi, il ghetto è realmente scomparso.

Ma eccolo riapparire poco più in là, tra il giardino della Sinagoga e gli scavi del Teatro di Marcello, sotto l'ultimo tratto di Via del Portico d'Ottavia. A meno di due metri di profondità ci sono ancora le murature antiche, successioni di costruzioni di mattoni di grande spessore, distanti l'una dall'altra non più di tre o quattro metri.

Si vedono ancora i piani terra e parte degli scantinati, i discendenti di scarico in pezzi di terra-

segregated population could look towards a larger horizon than the narrow one they saw between the houses of the Ghetto. Those houses that were thought to have disappeared, were gone only in those areas where greater construction work and urban restoration had been carried out. In the area of the embankments and in the places nearby where major hydraulic works had been carried out, the ghetto had truly disappeared.

But just a bit further down, between the garden of the Synagogue and the excavations of the Teatro di Marcello, under the last part of Via del Portico d'Ottavia something reappears. Less than two metres under earth, ancient walls, rows of constructions made of thick bricks, at a distance of no more than three or four metres' from each other.

Ground floors, parts of cellars and truncated cone-shaped pieces of sewer pipes can still be seen. There are also remnants of pavements made with small bricks, shop entrances, and houses marked by the remains of travertine marble posts and thresholds. There had been a row of buildings facing that part of Via Rua, as the street had been called, before reaching the Quattro Capi bridge.

Via Rua, or Strada della Rua, as it used to be called, crossed almost the whole ghetto, tracing the same "L" shape as the present-day Via del Portico d'Ottavia. Then it branched out into two lanes which at that time were called Via dei Savelli and Strada di Ponte Quattro Capi.

At the point where it branched out, on the right hand perimeter of the existing Synagogue, towards Via Catalana, the alley opened up in a small square called Piazzetta Rua. From the square, on the other side of the Synagogue, towards Monte Savello, a double arch, referred to on the map from the 1700's as "Lo Passatore," continued towards Vicolo Capocciuto and Piazza delle Tre Cannelle, in the middle of which a characteristic fountain stood. This small square used to be more or less where the present sidewalk of the Synagogue is on the Lungotevere Cenci.

It's difficult for us to imagine that Via delle Azzimelle used to pass just under the fence that surrounds the Synagogue towards Via del Tempio. Many stories have been told about this street and it was one of Ettore Roesler Franz' favourite subjects in his water-colour paintings.

Through the excavations, it was found that the row of houses of the ghetto continued, up

Via del Portico d'Ottavia tra case medievali e ottocentesche divise dai sampietrini: un'immagine-simbolo della scissione che il quartiere ha vissuto dopo la demolizione del ghetto. Le case antiche sono quelle che rimasero in piedi al bordo del ghetto demolito.
Via del Portico d'Ottavia, between medieval and 19th century homes. An image symbolizing the division suffered by the district after the demolition of the old ghetto. The ancient houses are the ones that remained on the ghetto's boundaries.

Pagina precedente/Previous page.
Muri vecchi, basamenti di travertino che testimoniano di ricchezze antiche: infatti la gran parte delle case del ghetto ne erano sprovviste. Ora restano le inferriate lavorate a mano…e il segno del tempo sul travertino delle cornici divorato dalle intemperie.
Old walls, travertine bases testifying of old riches; of course, most of the ghetto did not have any. What is left today are the hand-made iron rails…the sign of time on the travertine frames weathered by nature.

cotta troncoconici. Ci sono i pavimenti in mattoncini e gli ingressi di botteghe e di case segnati da resti di stipiti e da soglie in travertino. Era la linea di edifici che si affacciava su quella parte di Via Rua nella strada che si era chiamata prima del Ponte Quattro Capi.

Perché Via Rua, o Strada della Rua, percorreva quasi tutto il ghetto, seguendo lo stesso tracciato a "elle" dell'attuale Via del Portico d'Ottavia, ramificandosi in due vicoli denominati allora Via dei Savelli e Strada di Ponte Quattro Capi.

Sulla ramificazione, al bordo destro dell'attuale Sinagoga verso Via Catalana, si apriva la Piazzetta Rua. Da questa, sul bordo verso Monte Savello della Sinagoga, un doppio archetto, chiamato nella mappa del 1700 "Lo Passatore", portava verso Vicolo Capocciuto e Piazza delle Tre Cannelle, che aveva al centro la caratteristica fontana. Questa piazzetta si trovava più o meno dov'è oggi il marciapiedi della Sinagoga su Lungotevere Cenci.

Rimane difficile immaginare che sotto il bordo della cancellata che chiude la Sinagoga verso Via del Tempio si trovasse la Via delle Azzimelle, luogo di tante storie antiche, uno dei soggetti preferiti degli acquerelli di Ettore Roesler Franz.

La linea di case del ghetto continua, messa al-

to the Portico d'Ottavia. It was decided that those findings could be left under the street. But one thing is for sure, this row of houses surprised even untrained eyes and hands, showing insides of buildings that let us imagine how difficult ghetto life must have been.

The small court-yard where the fountain in ancient stone used to stand, the entrances with sculpted travertine marble used as construction material, and many other details of poor and densely populated houses, all had come back to life for a moment to tell their stories.

Pagina precedente/Previous page.
In molti vicoli rimane ancora un forte degrado. Sono case ancora abitate o parzialmente abbandonate: così è in vicolo S.Ambrogio, via della Reginella e intorno alle chiese di S.Maria del Pianto e S.Maria in Publicolis.
Many alleys are wretched as in the old times. Some houses are still inhabited, others abandoned. Such are the conditions of S.Ambrogio, via della Reginella, and of the surroundings of S.Maria del Pianto and S.Maria in Publicolis.

Successione delle quinte urbane di via del Portico d'Ottavia, con il palazzo dei Manili in primo piano, la successiva edilizia minore e la casa dei Fabii, altro edificio quattrocentesco, sormontato sotto la linea del tetto da un loggiato ad archi.
The urban backstage of via del Portico d'Ottavia, with the Manili Palace in the foreground. The later minor constructions and the Fabii House (another 14th century edifice) surmounted by a terrace with arches right under the roof line.

la luce dagli scavi, fino al Portico d'Ottavia. Dopo i lavori si è pensato che quei ritrovamenti potessero rimanere nascosti sotto la strada. Resta il fatto che la successione di case ha riservato sorprese anche ad occhi e mani inesperti, regalando spazi interni che lasciano immaginare la vita difficile del ghetto.

Il cortiletto dove si trovava la fontana in pietra antica, gli ingressi realizzati con travertini scolpiti usati come materiale da costruzione e i tanti particolari di case povere e fittamente abitate, sono ritornati per un attimo a vivere e a raccontare.

Sulla Via di Pescarìa

Ci troviamo adesso in quello snodo di vie di fronte al Portico d'Ottavia dove era arrivato uno degli ampliamenti del ghetto, prima limitato ad una zona di minore ampiezza verso il fiume. Qui si trovava, al posto dell'attuale marciapiedi di Via del Portico d'Ottavia ed a questo allineato, la stretta strada detta Via di Pescarìa, che portava proprio a quel mercato del pesce per cui era famoso il Rione S. Angelo.

Chi percorreva la Via di Pescarìa, lasciandosi alle spalle il Portico, aveva a sinistra le case del ghetto, che avevano però accesso solo internamente sulla Strada della Rua, e a destra il quattrocentesco edificio detto Casa dei Fabii, più volte poi ampliato e rimaneggiato fino alla configurazione attuale che chiude verso questa strada l'isolato detto di S. Ambrogio della Massima, dal nome dell'omonima chiesa.

Doveva esserci movimento di persone nelle ore del mercato e il rumore della gente e il forte odore di pesce dovevano farla da padrone in quelle vie strette a ridosso del recinto ebraico. Se si pensa che un antico mestiere romano era quello del friggitore e che nel ghetto questa attività era par-

Archi rampanti su povere case: uno scorcio inusuale su via S.Angelo in Pescheria: è la parte posteriore degli edifici che si aprono su via del Portico d'Ottavia adiacenti al monumento.
Rampant arches on poor houses. An unusual view of Via S.Angelo in Pescheria: this is the back of the buildings on via del Portico d'Ottavia, next to the monument.

Uno scorcio del quattrocentesco palazzo dei Manili, con il fregio basso che porta un'iscrizione romana: si presenta come una successione fitta di edifici di diversa altezza, una quinta urbana rimaneggiata dall'uso, dalle esigenze abitative che nel periodo del ghetto trasformò l'impianto originario anche di edifici di rilievo
A view of the 14th century Manili Palace. The freeze carries a Roman inscription. A row of buildings of different heights, an urban backstage reorganized according to the housing needs that changed the original plan even of major buildings in the centuries of the ghetto.

Along Via di Pescarìa

Right now we're standing at the crossroads in front of the Portico d'Ottavia where the ghetto, which in the beginning covered only a smaller area near the river, later was enlarged. This is where the narrow street called Via di Pescarìa used to be, under the present-day sidewalk of Via del Portico d'Ottavia and aligned with it. It led to the fish market, for which the district (Rione) S. Angelo was famous.

Whoever walked along Via di Pescarìa, with his back to the Portico, had the houses of the ghetto on his left side, which, however had their entrances internally, on Strada della Rua. A building from the 1400's called the "Casa dei Fabii" stood on the right side of the street. This building has been enlarged and modified several times before appearing in its present state and it closes the block called S. Ambrogio della Massima, which has the same name as the nearby church.

Surely the noise and all the people moving around during market hours and the strong smell of fish must have dominated those narrow streets next to the Jewish ghetto. Considering how popular the old Roman occupation of frying food was and that it was especially popular in the ghetto, you can imagine what people who passed through those narrow and crowded streets during the day, could smell and see.

Via di Pescarìa led to Piazza Giudia Fuori dal Ghetto, which opened up in front of the Lorenzo Manili Palace, a fifteenth century building with an old Latin inscription on the façade. One of the entrance gates to the Ghetto separated Piazza Giudia Fuori dal Ghetto from Piazza Giudia nel Ghetto, which also was called Piazza del Mercatello.

Right there, more or less in front of the entrance of the present-day school building, was where that fountain made by Giacomo Della Porta used to stand, which later was moved to Pi-

Botteghe, colori di facciate, ancora panni stesi: la vita del quartiere si affaccia come sempre verso via del Portico d'Ottavia, guardando la PIAZZA luogo di riferimento per gli ebrei romani, uno dei luoghi topici della città.
Stores, colored facades and more hanging laundry: once again life overlooks via del Portico d'Ottavia, the square is the reference for Roman Jews and one of the core areas of the city.

Case nobiliari divenute per l'indigenza del ghetto le residenze povere dove trovarono asilo gli ebrei usciti dalle case del quartiere demolito: si ripetono ancora le immagini della vita povera fatta di fatica e di lavoro.
Noble homes turned into poor recoveries, by the ghetto dearth, where poor Jews found hospitality after leaving the demolished district: images of a disempowered life of labour and weariness.

foto Stefano Donati

ticolarmente diffusa, si può immaginare quale sensazione di movimento e quali odori accompagnassero chi attraversava nelle ore di lavoro queste piccole vie affollate.

Alla fine di Via di Pescarìa, davanti alla casa di Lorenzo Manili, l'edificio quattrocentesco oggi distinto dall'antica iscrizione latina murata sulla facciata, si apriva la Piazza Giudia Fuori dal Ghetto, separata dalla Piazza Giudia nel Ghetto, detta anche Piazza del Mercatello, da una delle porte di accesso.

Qui si trovava, all'incirca di fronte all'ingresso dell'attuale edificio scolastico, quella fontana di Giacomo Della Porta poi spostata in Piazza delle Cinque Scole. Sulla destra, per chi arriva in quello che ancora oggi rimane uno slargo tra Piazza Costaguti e S. Maria del Pianto, si trova l'isolato della cosiddetta "addizione leoniana", chiuso tra Via della Reginella e Vicolo S. Ambrogio. Erano perciò ancora fuori dal ghetto l'isolato di S. Ambrogio della Massima e quella parte di edilizia minore contigua agli edifici padronali dei Costaguti e dei Mattei.

Da una parte il Vicolo S. Ambrogio conduceva, attraverso la piazzetta omonima, con il suo percorso tortuoso, fino alla Fontana delle Tartarughe; dall'altra appariva Via della Reginella che, per gli ebrei che avevano visto questo minimo ampliamento del ghetto, sembrava un grande luogo di incontro, oltre che una strada di scambio.

Insomma era un posto importante, che la strada di oggi non rende appieno, sia per l'abbandono che la contraddistingue - le botteghe chiuse, le case vuote - sia perché a metà dell'800, quando Leone XIII consentì l'ampliamento, sulla via si apriva una piazzetta, oggi chiusa da un edificio basso verso Palazzo Costaguti, attraverso la quale si arrivava all'Arco Costaguti e da questo alla piazza omonima.

C'è un fatto che oggi colpisce e fa pensare: il luogo di maggiore scambio, di più forte vivacità nel quale il ghetto si protendeva verso la città, cioè la Piazza Giudia Fuori dal Ghetto, è lo stesso luogo topografico che alle soglie del 2000 rimane il punto di incontro dei residenti del quartiere e di tutti quei romani, soprattutto ebrei, che hanno fatto di questa zona un riferimento costante di identità e di cultura.

Non è servita la demolizione del ghetto, non ha mutato lo spirito della gente la diversa posizione degli edifici: nello stesso luogo di fronte all'iscrizione antica del Palazzo dei Manili è rimasta ancora a testimoniare la forza delle tradizioni e dello scambio umano, la "Piazza Giudia".

Se n'è rafforzato il significato con tutto

azza delle Cinque Scole. On the right, there is an open space, between Piazza Costaguti and S. Maria del Pianto in which you can see the block called the "Leoniana addition," closed between Via della Reginella the Vicolo S. Ambrogio. So therefore, the block called S. Ambrogio della Massima and the less important buildings next to the private homes of the noble families Costaguti and Mattei, were at that time outside of the ghetto.

In one direction, the winding alley Vicolo S. Ambrogio (Saint Ambrose) led to the Fontana delle Tartarughe (Turtle fountain), passing through the square named after the same saint. In the opposite direction Via della Reginella stretched out, which for the Jews who experienced this small enlargement of the ghetto, appeared both as a commercial street but also as a new fantastic meeting place.

So this was an important area. This is difficult to understand both because it appears quite abandoned now, closed shops and empty apartments distinguish this street today, and because during the first half of the 1800's, when Pope Leo XIII allowed the expansion of the Ghetto, there was a small square on this street which led to the Costaguti arch and to the homonymous square. This passageway doesn't exist anymore since there is a low building standing in the way, in the direction of the Palazzo Costaguti.

It's striking and worth thinking about that the liveliest area of major commerce, Piazza Giudia Fuori dal Ghetto, where the ghetto extended towards the city, is exactly the same topographical area, where residents and other Romans meet today, in the 21st century. It's still a meeting place for all those Romans, but first of all for the Jews, for whom this area means identity and culture.

It was of no use to demolish the ghetto. New buildings in different positions haven't changed people's spirit. In the same place, in front of the ancient inscription on the Manili palace, "Piazza Giudia" still tells us about the strength of tradition and of human relations.

Everything that happened during the 20th century reinforced the meaning of all this.

Vicolo a luce nulla, bloccata dall'altezza e dalla vicinanza degli edifici, con finestre che possono assorbire solo sprazzi di luce, rendendo gli ambienti scarsamente abitabili: oggi tornano a vivere grazie a attenti restauri e alla tecnologia che consente un riuso a misura umana.
An alley with no light, stopped by the height and the proximity of other buildings. Windows capable of capturing just a few light beams which make the houses inhabitable. Some of them today come back to life thanks to the careful restoration and the technology.

Foto Stefano Donati

quello che è successo anche in questo secolo.

Fuori dal ghetto le stradine del Rione S. Angelo, la Chiesa di S. Maria del Pianto, il Monte de' Cenci; dentro il ghetto l'altra Piazzetta Giudia e il vicolo detto Via delle Scole che portava all'omonima piazza con fontana.

Tutto lo scambio tra fuori e dentro il ghetto e tra questo e le cinque sinagoghe raccolte in un unico edificio, è oggi coperto dagli spigoli dei due fabbricati che si affacciano sull'attuale Piazza delle Cinque Scole, alla fine di Via Catalana.

Uno spazio che per i nuovi edifici si è liberato solo dopo la demolizione dell'edificio delle Scole, andato a fuoco alla fine dell'800 e raso al suolo nei primi anni di questo secolo. Quello spazio che lo studio del piano regolatore di Roma del 1808-9 dava per costruito solo per la Sinagoga e per l'edificio scolastico, e che lasciava ancora da costruire proprio per gli edifici a destinazione residenziale, che avrebbero completato con i quattro villini liberty e con i condomini dell'edificio umbertino di fronte alla Sinagoga, le costruzioni.

Era il tempo dell'amministrazione laica guidata, tra il 1907 e il 1913 da Ernesto Nathan che, con il piano regolatore di E. Saint Just di Teulada, cercò di evitare l'espansione incontrollata della speculazione edilizia.

The alleys in the Rione S. Angelo (neighbourhood), the S. Maria del Pianto Church, and the Monte de'Cenci hill were outside the ghetto. The second Piazzetta Giudia (square) and the lane called Via delle Scole, which led to the homonymous square with a fountain, were inside the enclosure.

Two newer buildings at the end of Via Catalana, which face the present Piazza delle Cinque Scole, now stand on the area where the exchanges between the outside and inside of the ghetto took place and where the five Synagogues were hosted in the same building.

Pozzanghere e sampietrini, dove il riflesso delle case disegna all'ingiù la stessa vita, le stesse scene, nello stesso tempo il grigio e la forza di una vita legata al quartiere.
Puddles and cobblestones mirror an upside down life, that is yet the same; the same time of a gray yet forceful life intertwined with its district.

Un edificio simbolico ancora esistente, immagine documento di vita, che somiglia per luce a quelli che si aprivano sugli angusti vicoli del ghetto, dove la luce penetra con difficoltà, dove i panni si affacciano sulla via nell'alba di un giorno in arrivo a botteghe ancora chiuse.
A still standing symbolic building. Its appearance and its light reminisce of the old constructions in the narrow streets of the ghetto. Here light hardly penetrates and, at dawn, laundry hangs over a street with stores still shut.

Foto Stefano Donati

Ma per gli edifici antichi era troppo tardi: aveva prevalso l'opinione diffusa che Gregorovius aveva rafforzato dicendo che era una zona *"costruita con macerie e frammenti di rovine... Una fittissima rete di vicoli stretti, umidi e bui che serpeggiano tra gli antichi monumenti. Nessun contrasto può essere più stridente di quello fra la passata magnificenza del quartiere, pieno di portici e di templi marmorei, e lo stato in cui si è ridotto"*. Aveva avuto facile gioco su quello stato di degrado il piano delle demolizioni e niente ormai poteva più salvare i luoghi della presenza ebraica degli ultimi tre secoli.

Su quelli sarebbero sorti i villini liberty e gli edifici umbertini: i primi a coprire parte dell'edificio delle Scole, la Piazzetta delle Azzimelle, detta prima Piazza dei Macelli, e la Piazzetta Catalana, sulla cui piccola scalinata si era mossa tanta parte della vita di incontro della gente del ghetto.

I secondi, sulla parte centrale della Strada della Rua, più verso il Portico d'Ottavia, fino a toccare con lo spigolo verso Monte Savello, la svolta verso Piazzetta Rua, dalla quale, come si è detto, si poteva raggiungere la Piazza delle Tre Cannelle.

* * *

Le Cinque Scole

L'edificio delle Cinque Scole era il gioiello degli ebrei del ghetto. Si apriva sulla piazza omonima, di fronte al muro di cinta che chiudeva gli ebrei di Roma al resto del mondo verso Monte de' Cenci, il cui unico ornamento era la fontanella semicircolare che ne interrompeva la presenza incombente.

C'era stato l'obbligo del Papa ad avere una sola Sinagoga, un'altra delle infinite limitazioni che condizionavano con ossessionante continuità la vita della piccola comunità dentro le mura. Ma gli ebrei non erano riusciti, né avevano voluto, rinunciare alla variegata differenza di provenienza e di rito: avevano creato così in quell'unico edificio, ai diversi piani, ben cinque sinagoghe, nelle quali si raccoglievano per la preghiera e la riflessione divisi per famiglie, usi, provenienza.

Una sola porta di accesso portava ai vari piani e ai diversi ambienti, da principio poveri, che nonostante la miseria e la condizione di cattività le diverse componenti della comunità avevano arricchito con doni ed offerte.

Gli ebrei di più antica presenza, quelli arrivati a Roma da prima di Giulio Cesare, avevano la Scola Tempio. Quelli che, pur di presenza antica, erano arrivati nel ghetto dalla provincia laziale, la Scola Nova. Poi c'erano i transfughi dalla Spagna di Torquemada e dell'Inquisizione

Only through the demolition of the Scole building, which caught fire at the end of the 1800's and was definitely torn down during the early years of the 20th century, a free area for new buildings was found. Rome's town-planning scheme from 1808-9 had the construction of the Synagogue and its school building planned on that area, and residential buildings, the four Liberty villas and the Umbertine building. in front of the Synagogue would complete the area.

From 1907 to 1913 there was a period of secular administration of the city, guided by Ernesto Nathan, who, with the town planning scheme made by E. Saint Just di Teulada, tried to limit the uncontrolled boom of building speculation.

But for the ancient buildings it was too late: popular opinion, reinforced by Gregorovius, who said that the ghetto was an area *"built with debris and pieces of ruins..."* and that it was *"a dense meander of narrow humid and dark alleyways, that ran between ancient monuments. There is no bigger contrast than that between the magnificent past of the neighbourhood, with arcades and marbled temples, and the state in which it has been reduced."* The demolition plans were looked upon favourably, considering the urban decay in the ghetto and nothing could at this point save the places where the Jews had lived and worked for three centuries.

On this area, the Liberty villas and the Umbertine buildings were to be built. The Liberty villas were built on top of part of the remains of the Scòle building and on top of Piazzetta delle Azzimelle, formerly called Piazza dei Macelli and on top of Piazzetta Catalana, whose steps had played an important role in the social life of the people in the ghetto.

The Umbertine buildings were to be built on the central part of the Strada della Rua, closer to the Portico d'Ottavia, with one corner in the direction of the Monte Savello, and another towards Piazzetta Rua, from which it was possible, as we've already said, to reach the Piazza delle Tre Cannelle.

* * *

Anche una piccola pozzanghera può riflettere i caratteri di un mondo nell'immagine virtuale che rappresenta un nuovo punto di vista quando gli altri sono chiusi da edifici troppo vicini, da strette strade segnate dalla cadenza regolare dei paracarri.
Even a small puddle can mirror the aspects of a world. The virtual image so given can represent a new perspective when others are banned by huddled buildings and narrow streets scarred by the regular intermission of guardrails.

Foto Stefano Donati

che, fuggiti dalla persecuzione dei reali cattolici, erano finiti proprio nel ghetto del Papa: erano quelli della Scola Catalana e della Scola Castigliana. C'erano infine i Siciliani, che avevano abbandonato l'isola nei primi decenni del '500, raccogliendo sia le comunità locali sia altri ebrei già in fuga dalla Spagna, che avevano creduto di trovare tranquillità in una regione che seguì solo dopo pochi anni la sorte della penisola iberica.

L'edificio delle Scole fu l'ultimo di quelli del ghetto a cadere sotto i colpi del piccone che aveva raso al suolo l'intero quartiere. Era stato risparmiato alla fine del secolo scorso, rimanendo ad ergersi solitario sulla spianata ormai vuota di fronte alla grande Sinagoga nuova, che fu inaugurata nel 1904.

Era cambiato tutto per gli ebrei di Roma. Avevano salutato nel 1870 la libertà riconquistata, mantenendo però quei cinque luoghi di culto piccoli, raccolti, ricchi di arredi e di storia, dove la voce del rabbino e del pubblico che gli rispondeva arrivava sommessa, dove la gente sedeva vicina, dove si diffondeva, come in tutte le sinagoghe prima di questo secolo, un'aria di pace e di raccoglimento.

Niente a che vedere con il nuovo Tempio: grandi volumi, ornamenti "forti" in stile assiro-babilonese, con il rabbino lontano di fronte all'Aròn-ha-Qodesh (l'armadio che contiene i rotoli di pergamena del Pentateuco), il matroneo grande, diviso in una parte centrale e due laterali.

Si respirava novità e dispersione nel Tempio nuovo, mentre lì davanti ancora guardavano le vecchie Scole, andate a fuoco nel 1893 e poi abbandonate. Avevano visto la costruzione del nuovo, tanto che nelle fotografie dell'inizio del secolo, durante la realizzazione delle fondazioni, fa da sfondo la loro sagoma inconfondibile, con le ampie arcate dell'ultimo piano, mentre lungo gli argini appena finiti sul fiume compaiono per la prima volta platani piccolissimi, che sarebbero diventati i giganti di oggi.

Cos'era nel ghetto una sera di Kippur (il giorno del digiuno di espiazione), la sera di entrata di Pesach o di Shavuoth: un momento diverso, nel quale la sera la comunità non si richiudeva esclusa dentro i cancelli del ghetto, ma si apriva con un volo ideale altissimo verso Dio, verso la Terra Promessa, verso gli altri ebrei del mondo; quei tre cardini - Dio, Terra, Popolo - che li elevavano oltre la costrizione contingente.

E i canti che si levavano dalle cinque sinagoghe riuscivano ad abbattere distanze, steccati, separazioni fino a dare ad ognuno, nonostante tutto, speranza, dignità e un futuro meno grigio di quello del recinto sul Tevere.

The Cinque Scòle building

The Cinque Scòle building was the gem of the Jews in the ghetto. It stood on the homonymous square in front of the boundary walls, that divided the roman Jews from the rest of the world, in the Monte de' Cenci area. The only decorative element was a semicircular fountain, which interrupted the overhanging presence of the wall.

The Pope had forbidden the existence of more than one Synagogue. This was just one of an infinite number of limitations that conditioned, in an obsessive and continuous way, the life of the small community inside those walls. But the Jews couldn't, nor did they want to renounce to their various different origins, rites and traditions. So, in one single building, on different floors, they had created five different Synagogues! In this way, they could come together to pray and to reflect, but at the same time they were separated in groups, according to family, tradition and origin.

There was only one entrance that led to the various floors and areas of the building. Despite the misery and conditions of captivity, members of the community had enriched the building, which in the beginning was completely undecorated, with gifts and contributions.

The Jews who had been in Rome for the longest time, that had arrived before Cæsar, attended the "Scòla Tempio". Those who, although they had been in the ghetto for a long time, came from the Lazio provinces, attended the "Scòla Nova". Then there were those who had fled from the Spanish general Torquemada and from the Inquisition, who had fled from the catholic persecution, only to finish in the ghetto of the Pope. They attended the "Scòla Catalana" (Catalonian synagogue) and the "Scòla Castigliana" (Castilian synagogue). Finally, the Sicilians, Jews who had abandoned the island during the first decade of the 1500's, taking with them both local Jewish communities as well as other Jews who had already escaped from Spain. Little did they think that, only a few years later, the region in which they'd found peace would see the same end as the Iberian peninsula.

I lavori di sistemazione degli scavi al Portico d'Ottavia voluti dalla Soprintendenza comunale; lavori in corso mentre si scavava intorno alle colonne per restituirle alla loro originaria altezza.
The renovation works of the archaeological area at Portico d'Ottavia initiated by the City Office for the conservation of art. The diggings are bringing the pillars back to its original height.

Foto Stefano Donati

Colonne a tutta altezza al Portico d'Ottavia: erano rimaste
affondate nel marciapiedi; gli scavi recenti ne hanno messo in vista
l'intera altezza dando loro nuova forza e sottolineando la
successione che si apprezzava all'epoca della loro costruzione.
Full blown pillars in the Portico d'Ottavia. They had sunk in the new
sidewalk; the recent diggings returned them to their original height,
renovating their strength and restoring their pristine line.

Portico d'Ottavia a tutta altezza: il monumento si erge con tutta la
sua forza simbolica al centro di un'area che è diventata nel corso
dei secoli densamente abitata, avvolgendolo.
Portico d'Ottavia in all its majesty: the monument rises in its
symbolic might in the middle of an area that, over the centuries,
became overcrowded.

Non basta l'immaginazione a rendere quel
flusso continuo di migliaia di persone che escono dalle case schiacciate una all'altra e si ri-
versano in massa per le stesse anguste strade fino alla piazza delle Scole per riunirsi in preghiera. Doveva sembrare un passaggio biblico,
una fila continua e disordinata di persone tra
le Scole e le case.

Doveva sembrare che tutti rispondessero non
più alla propria volontà, all'alternarsi dei dove-
ri e delle necessità di ogni giorno, ma che fosse
la risposta di massa ad un richiamo superiore:
lo era. C'era tradizione e amore in quei gesti, desiderio, volontà ed un irresistibile, intimo piacere che nessuno poteva togliere o negare.

È successo molto in un secolo, qualcosa di im-
prevedibile o di già scritto.

Nel 1910 è stato demolito il vecchio edificio,
per fare posto alle costruzioni che avrebbero
formato l'isolato di residenze detto dei "villini

The Scòle building was the last building of
the entire ghetto to fall. It had been saved at
the end of the 19th century, left standing alone
on the empty levelled area, in front of the big,
new Synagogue, inaugurated in 1904.

Everything changed for the Roman Jews.
They had welcomed the regained freedom in
1870, maintaining however, those five small
places of worship, rich in furnishings and in
history. As in all Synagogues before this century, these were places where the voice of the
Rabbi and of the answering audience sounded
softly, where people sat next to each other in
a peaceful and welcoming atmosphere.

The new Temple was totally different: great
volumes, "heavy" ornamentations in Assyrian –Babylonian style and the Rabbi far away
in front of the Aròn-ha-Qodesh (the closet
which contains the parchment Scrolls of the
Pentateuch) and the big women's gallery, di-

Foto Stefano Donati

vided in a central part and two lateral areas.

There was a different and distracting atmosphere in the new Temple. People could still see where the old Scòle building used to stand, ruined in a fire in 1893 and then abandoned and they had seen when the new Temple was being built. In photographs from the beginning of the 20th century, taken during the laying of the foundations of the new Temple, the outline of the Scòle building, with its wide arches on the top of the floor still appear in the background and along the new riverbanks very small plane trees can be seen, which today are enormous.

What was it like in the ghetto during the evening of Yom Kippur (the Day of fasting and of Atonement) or during the first evening of Passover or of Shavuoth? How were these special moments, during which the community did not let itself simply be shut in within the gates of the ghetto, but rather opened up in an ideal flight towards God, towards the Promised Land, and towards other Jews of the world? Surely those three cornerstones - God, Earth, and People - elevated them beyond their daily constraints.

The songs that rose from the five Synagogues conquered distances, broke down fences and any other form of divisions between people. In spite of everything, everyone was encouraged to have hope, dignity and a bright future, not grey like those ghetto walls near the Tiber river.

It's impossible to imagine that continuous flow of thousands of people pouring out of their houses, bumping into each other, all headed through the same narrow streets towards the Scòle building to pray together. A continuous, disorderly river of people between the Scòle building and the other buildings of the ghetto. It was Biblical.

It must have seemed as if these people no longer responded to their own will, to daily duties and needs, but to a superior voice speaking to them as a mass. And so it was. There was tradition and love in their movements, there was desire, will and an irresistible, intimate pleasure that no one could take away from them.

But very much happened in a century. Some things were impossible to foresee and others had already been decided.

In 1910 the old building was demolished in order to make space for buildings which would form the residential block called the Liberty villas. That's how the last remains of the oldest ghetto disappeared.

L'arco de' Cenci era fuori dal recinto del ghetto; la zona intorno fu abitata da ebrei solo dopo l'apertura dei cancelli. Oggi resta però il simbolo delle case patrizie al bordo del monte de'Cenci, dove ancora archi si rincorrono, raccordando case: una quinta urbana senza soluzione di continuità.
The de' Cenci Arch was outside the ghetto. The surrounding area was inhabited by Jews only after the ghetto was opened. Today there are only the vestiges of the patrician houses on the border with the de' Cenci hill. Here arches follow one another connecting homes: an endless urban stage.

Pagina precedente/Previous page.
L'edicola del tempietto del Carmelo dopo il recente restauro.
The aedicule of the Tempietto del Carmelo after its recent restoration.

Liberty": scompariva così l'ultima testimonianza del ghetto più antico.

Gli arredi in legno e pietra salvati dall'incendio, gli argenti, le stoffe di grande pregio erano stati trasferiti nella Sinagoga nuova e nel piccolo Tempio Spagnolo sottostante. Poi è venuta la strada, via del Progresso (ironia del nome), di recente divenuta piazza delle Cinque Scole, che è di poco rialzata rispetto alle antiche quote del terreno e che sale ripida verso il lungotevere a raggiungere il bordo dei nuovi argini.

Per molti decenni un velo di silenzio è sceso sul ricordo dei vecchi luoghi. Poi ancora i lavori in corso, che offrono sotto la strada non solo macerie, ma fanno emergere spezzoni di muri antichi: esce sotto la piazza delle Cinque Scole, al bordo dei fabbricati, un reticolo di murature tra loro perpendicolari, con una direzione ruotata di un piccolo angolo rispetto ai nuovi.

Sono le murature dell'edificio delle Cinque Scole che tornano alla luce. Erano perpendicolari alla vecchia linea del fiume prima degli argini, e dall'interno, dal materiale sciolto di riempimento, affiorano parti di intonaco a pittura, pezzi di diversa dimensione di stucchi dorati, nei quali ancora si coglie la grana particolare della pittura d'oro fino.

Si scava ancora, fino a trovare un pavimento di mattoncini di cotto, e un altro più in basso verso il fiume. Viene scoperta la soglia di ingresso dei locali che si trovavano al piano seminterrato, accanto ad una fognatura abbandonata. È l'impronta di via della Fiumara, l'ultima via del ghetto parallela al fiume.

Purtroppo gran parte della pianta dell'edificio antico rimane sotto i palazzi e i giardini che li circondano, mentre quello che si vede riguarda gli ultimi due ambienti verso l'antica piazza, perciò vani di passaggio e zone di servizio, e non le Sinagoghe vere e proprie che erano ai piani alti.

Si scoprono ancora due vani semicircolari in marmo di Carrara, con un buco al centro che continua in una terracotta tronco-conica, che taglia la parte di fondazione sottostante, poggiata sulla muratura proveniente dai magazzini di epoca traianea descritti nel capitolo sull'"età classica": sono i due servizi igienici delle Scole, avanzati vani di servizio in un ghetto che aveva notevoli problemi di smaltimento e vide realizzare nel secolo scorso i bagni delle case sui terrazzini, com'era l'uso.

Poco più in là rimane uno spezzone di scala con archetti in muratura, che doveva consentire l'accesso dall'atrio del piano terra ai piani superiori. Lo scavo viene allargato ancora, a scoprire le antiche murature traianee, di cui fa parte lo splendido arco murario già descritto, e l'area mo-

The wooden and stone furnishings, the silver objects and very fine fabrics that were saved from the fire were moved to the new Synagogue and to the small synagogue underneath, called the Tempio Spagnolo. Then the new street called Via del Progresso was built, which recently changed name into Piazza delle Cinque Scòle. It lies on a higher level and steeply leads to the Lungotevere, reaching the border of the present river embankments.

For many decades a veil of silence lied upon the memories of the no longer existing places in the ghetto. Then, construction work began again, during which not only debris but also big pieces of ancient walls were found under the sidewalk. Under Cinque Scòle square, at the edge of the present buildings, a grid of perpendicular masonry was discovered, which was slightly rotated in relation to the new buildings.

What came to light were the walls of the Cinque Scòle building. They were perpendicular to the course of the river as it ran before the embankments were built. Inside the building, among pieces of landfill material, parts of painted plaster, and various sized pieces of gold stucco work were found. The particular grain of the fine gold paint could still be seen.

Further down, as the digging continued, a pavement of small terracotta bricks was found together with another one further below in the direction of the river. A doorway entrance to rooms on a basement floor, next to an abandoned sewer was also discovered. These were the remains of Via della Fiumara, the last street of the ghetto parallel to the river.

Unfortunately, a large part of the ancient structure remains hidden under the present-day buildings and gardens which surround it. Only the last two rooms towards the old square, some passageways and service areas could be seen and not the real Synagogues, which occupied the higher floors.

Two semicircular rooms in Carrara marble were also found. In the middle of the rooms there were holes that continued in terracotta conical stumps, which cut through the foundation underneath, resting on brickwork from storerooms of the Trajan period, which were already described in the chapter " The Classical Age". These were bathrooms in the Scòle building, in a ghetto that had big problems with draining, in which bathrooms usually were built on the terrasses.

A bit further on, a large piece of a stairway with small arches made of brickwork was

numentale che, dopo studi ed approfondimenti, ha consentito di individuare un tempio romano di grande valore storico ed archeologico.

Viene fuori la base semicircolare della fontanella che ornava anticamente il muro di cinta all'interno del ghetto e quel che resta del muro stesso.

È riemerso quel bordo non voluto, il limite fisico che gli ebrei del ghetto vedevano ogni giorno e che li chiudeva rispetto all'esterno. Era stato varcato quel muro, in un'occasione tragica. Era stato concesso agli ebrei di organizzare un lazzaretto all'interno del palazzo de' Cenci negli anni '20 del secolo scorso, per curare i malati del colera che aveva fatto strage in città: gli ebrei avevano curato ammalati ebrei e non, rendendo un servizio sanitario e sociale. Finito il morbo erano però stati costretti a rientrare nel recinto, e di nuovo quel muro era tornato a far da sfondo alla vita di ogni giorno.

Nei giorni dei ritrovamenti si è vista tanta gente intorno allo scavo, visi meravigliati ed incuriositi. Su molti un velo d'emozione, quasi che una parte di storia personale fosse tornata per un attimo a rivivere. Vedere gli ingressi delle Scole, scoprire i vecchi pavimenti, immaginare l'area urbana piccolissima e densa di vita di più di un secolo fa ha offerto spazi dimenticati alla commozione e al sogno.

L'acqua grigio-verde del fiume sale all'attacco degli archi del ponte e minaccia l'Isola.
The grey-green river water rises to the joint of the bridge's arches and threatens the Isola.

found, which must have had the function of an access from the atrium of the ground floor to the upper floors. Continued diggings revealed that the just mentioned splendid walled arch was a part of other ancient Trajan masonry. Further analysis of this monumental area led to the identification of a Roman Temple of great historical and archaeological value.

The semicircular base of the fountain which decorated the internal side of the ghetto wall and the remaining parts of the same wall were also found.

That detested border, that physical limit which the Jews of the ghetto had had in front of them every day and which closed them off from the outside world re-emerged. Only once, in sad circumstances, that wall had been crossed. In the 1820's the Jews had been allowed to organize a hospital in the Palazzo de' Cenci, in order to help cure people with cholera, which at the time had decimated Rome's population. The Jews took care of ill

Piena tra l'Isola Tiberina e ponte Palatino: l'altezza dell'acqua ai tempi del Ghetto avrebbe già coperto i piani terra e invaso via della Fiumara.
Flooding between the Isola and Ponte Palatino: the height of the water during the period of the Ghetto would have already covered the ground floors and invaded Via della Fiumara.

La piena dell'Isola Tiberina copre i marciapiedi sale molto vicina all'Ospedale Fatebenefratelli.
The flood of the Isola Tiberina covers sidewalks rising very close to the Fatebenefratelli Hospital.

Molti hanno vissuto la magìa di un tesoro che è stato tuo e ti torna tra le mani.

Qualcuno ha ripercorso col ricordo gli ultimi anni del ghetto e il tempo della nuova libertà seguito dalla cancellazione del quartiere antico e malsano: era stato un viaggio verso la "città moderna", strade ampie, servizi igienici, edifici signorili.

Molti hanno sofferto di quella ricchezza perduta, un patrimonio di ricordi, di tradizione e, per le cinque Scole, anche di oggetti preziosi.

Sul viso di tutti quelli che hanno visto, un'espressione ripetuta di meraviglia unita allo sgomento: non è stato come per i resti antichi di Roma, offerti alle invasioni e ai secoli bui dell'alto Medio Evo. È stata una scelta deliberata da par-

Jews and non-Jews, rendering the city a sanitary and social service. But, as soon as the disease was under control, the Jews were forced back into the ghetto enclosure. And once again, that wall became the oppressive setting of their daily lives.

While these discoveries were being made, many wondering and curious people came to visit the excavation sites. On many faces you could see a sort of excitement, almost as if a part of their personal history momentarily came to life. To see the entrances to the different synagogues inside the Scòle building, to discover familiar old pavements, to imagine a very small urban area dense with life dating back a century, offered an occasion for forgotten emotions and dreams.

Many of these people lived the magic moment of the return of a treasure that once had been theirs and then taken away from them.

Some of them were reminded of the last years of the ghetto and of the new freedom that followed the demolition of the old and unhealthy neighbourhood. It was the beginning of a journey towards a "modern city" with large streets, sanitary services and elegant buildings.

Many had suffered in loosing that rich pat-

Foto Luca Fiorentino

te di chi ha certo voluto molto di più di quanto i pochi commenti scritti e i documenti pubblicati possano descrivere: è stato scritto che si è ignorata la storia urbanistica precedente, che ha vinto la speculazione edilizia sulla vita e sulla storia. Ci sono ancora molti documenti da conoscere e da approfondire perché sia fatta più luce su quanto fu deciso e sulle ragioni, le cause, le responsabilità che vollero offrire al '900 una città trasformata.

Alla fine del secolo scorso Roma è stata sezionata in modo più netto e rozzo di quanto i papi vollero, ad esempio, per le vie Sistina e Giulia. Alle comunicazioni, alle nuove costruzioni si sacrificò una parte antica, non sempre di edilizia minore, a danno di chi aveva meno possibilità e meno ascolto.

Sembra che risuoni ancora la voce più autentica del popolo romano, quello che ormai si chiama e commenta da qualche finestra di Trastevere, di Campo de' Fiori e di Via della Reginella. Dice del resto che non c'è più e che ora ammonisce dai vecchi muri ritrovati.

rimony of memories, traditions and also of precious objects in the Scòle building.

Expressions of wonder and consternation were on everybody's faces. It wasn't like when the ruins of ancient Rome offered their beauty to the invaders during the dark Ages of the High Medieval period. It was a deliberate choice, made by people who desired much more than what is described in the few written documents from that period. It has been said that the preceding urban history was ignored and that building speculation won over life and history. There are still a lot of documents left to study, in order to understand the decisions that were made and the reasons for which they were made, who was responsible for the yearn to completely transform a city.

At the end of the 19th century, Rome was sectioned off in a much more clear, yet rough way than the Popes wanted. Examples of this were Via Sistina and Via Giulia, where old parts of town, not always with buildings of a minor value together with people who couldn't make their voices heard, were sacrificed in the process of giving way to new buildings and new communications.

It seems as if the authentic voice of the Roman population continues to speak out, calling and commenting from their windows in Trastevere, Campo de' Fiori, Via della Reginella.

It tells about what no longer exists but still warns from the old, recently discovered walls.

UN MONDO DI UGUALI: L'EMANCIPAZIONE (1870-1938)

A WORLD OF EQUALS: THE EMANCIPATION (1870-1938)

Il quartiere nuovo, ancora non disegnato, correva verso la città. Gli ebrei correvano verso la parificazione, assaporando la libertà ritrovata.

Erano venute le demolizioni e l'area del ghetto, dopo il 1883, era diventata un cantiere i cui tempi, le cui opere, i cui indirizzi di progetto seguivano la stessa via voluta per il quartiere abbandonato. La furia demolitrice non volle ostacoli, inseguendo un collegamento fisico ed ottico tra la fila dei fabbricati dell'attuale via del Portico d'Ottavia e il fiume.

Durante i lavori, dalle vecchie mura di un palazzo vennero fuori strutture più antiche di una torre medievale di cui nulla si sapeva: fu demolita.

L'edificio delle Scole, rimasto in funzione per il culto fino al 1904, all'inaugurazione del nuovo Tempio Maggiore, era ancora in piedi nel 1910: fu demolito. Non fecero pensare le sale antiche dedicate alla preghiera, gli stucchi d'oro fino che oggi riemergono dal sottosuolo, la particolare struttura architettonica che parlava di tradizione e di vita di tanti angoli del mondo.

Bisognava fermare le piene del fiume e le continue inondazioni che torturavano la città. A nulla valsero altre soluzioni che proponevano un trattamento diverso dei regimi di piena del Tevere. Perfino Garibaldi si fece messaggero di una proposta diversa: un canale che poteva assorbire le piene e che sarebbe stato realizzato ad anello intorno alla città esistente.

Scomparvero le "ripe", il terreno che arrivava all'acqua digradando leggermente come ai Prati di Castello, alla Lungara e a Ripa Grande. Furono costruiti gli argini, così simili a quelli torinesi del Po, e la zona ebraica fu in gran parte riempita con terreno di riporto fino ad arrivare a ridosso dei muraglioni all'attuale quota del Lungotevere Cenci.

Nel 1910, quando iniziò la demolizione dell'edificio delle Scole, al posto del ghetto c'era una grande spianata pavimentata in sampietrini, su cui spiccavano tre soli elementi: il Tempio Maggiore, la fontana di Giacomo Della Porta, ancora nella posizione originaria della vecchia Piazza Giudia, e le Scole.

Negli anni successivi il quartiere attuale fu completato. Tra il Tempio e il Portico d'Ottavia sorse un edificio umbertino diviso in condomìni, ed accanto a questo l'edificio scola-

The new, still unplanned neighbourhood worked its way towards the city. The Jews moved towards equal rights and could start tasting their newly found freedom.

The demolitions started and after 1883 the ghetto area became a construction yard in which the works went in the same direction as the abandoned neighbourhood had gone. The will of destruction didn't slow down in front of anything and worked to physically and visually connect the row of buildings of the present-day Via del Portico d'Ottavia and the Tiber river.

For example, inside the walls of a building that was being torn down older structures of an earlier unknown Medieval tower were discovered. Unfortunately, with there being no interest on the part of urban planners in studying its possible history, the tower was also demolished.

The Scòle building which served its function until 1904, when the new Synagogue Tempio Maggiore was inaugurated, was definitely torn down in 1910. Neither those ancient rooms for prayers, the gold stucco work that now re-emerges from the ground nor the particular architectonic structure, which spoke of tradition and life in many corners of the world, stopped the building from being demolished.

The vital necessity to put an end to the continuous flooding of the river that continued to torture the city had become important for the city planners. Other solutions than the building of new embankments were not considered. Even the nationalist and revolutionary freedom-fighter Garibaldi proposed a different solution to the problem: the building of a circular canal around the already existing city, which could absorb the floods.

In fact, gradually, the "ripe", that is to say the gently sloping lands leading to the water in the Prati di Castello, Lungara and Ripa Grande areas, began to vanish. As new riverbanks that were similar to those of the Po river in Turin were created, the Jewish area partly became a great landfill and was filled up until the massive walls on the present-day level of the Lungotevere Cenci.

In 1910, when the demolition of the Scòle building began, the ghetto had disappeared and only three distinct elements had been left

stico che ancora ospita le scuole "Foscolo" e "Sella". Sono le due costruzioni di minor valore architettonico della nuova zona che vedeva riunite sul tracciato dell'attuale via del Portico d'Ottavia quelle che erano state due strade simbolo del periodo precedente. Erano la via Rua del ghetto e la Strada di Pescarìa subito fuori da questo, che chiudevano una fila di edifici antichi. Unico ricordo della presenza del recinto ebraico, il nome della nuova via Catalana, parallela al Lungotevere.

Di maggior pregio sono le costruzioni del Tempio e dei quattro "villini", dei quali, tuttavia, solo il villino Astengo ha un effettivo valo-

Pagina precedente/Previous page.
Un particolare della fontana di piazza Mattei, che si apre
alla fine di via della Reginella, estremo limite del Ghetto ampliato
nell'ottocento.
A detail of the fountain in Piazza Mattei. The square opens
up at the end of via della Reginella, the extreme boundary
of the 19th century expanded Ghetto.

Caduta di platani sull'argine: li ha spogliati l'inverno e il freddo.
Consente di vedere oltre i muraglioni, verso il ponte e la sponda
opposta.
Maples by the river banks. The winter cold bared them and one
can see beyond the embankments, toward the bridge and on the
opposite side.

standing on a large and levelled flat area, paved with cobblestones: the Tempio Maggiore, the fountain made by Giacomo Della Porta, still in its original position on the former Piazza Giudia and the Scòle building.

During the years that followed, the present neighbourhood was completed. Between the Synagogue and the Portico d'Ottavia an apartment building in Umbertine style was erected and next to it, a school building which still hosts the "Foscolo" and "Sella" schools. These two buildings, which are of minor value, stand on the present Via del Portico d'Ottavia which is the point in which two streets that symbolize the preceding historical period met. Via Rua in the ghetto, and Strada di Pescarìa just outside, which closed off a row of ancient buildings. The only reminder of the ghetto enclosure is the name of the new street, Via Catalana which lies parallel to the Lungotevere.

The Synagogue and the four small buildings, of which, however, only the Villino Astengo really has an architectonic value, are of a higher value. The other small villas complete and perhaps interpret, maybe in a better way than the Umbertine style does, the aspirations of beauty and importance for the area, the desire to build an "airy" city block, created mostly through areas for internal gardens.

The surrounding world called out for equality for the Jews, encouraging them to feel like citizens with equal rights, integrated with the rest of the population. The Jews responded, but not by changing their customs and traditions. The ghetto, in fact, continued to influence the way they lived their lives. The ghetto re-appeared in their fear for the future and in thousands of gestures and aspects of everyday life. But the big choices, those which brought about substantial changes in the community, were of the same kind as those they saw around them.

Just as in Florence, Trieste and Turin, the new Synagogue was not a small, hidden building, but a monument that you could see from every part of the city, whose four cornered dome still today is considered one of many reference points in Rome's panorama. The prayer room was not a tiny hall anymore, in which the Rabbi's songs reached every corner. But rather an enormous space in which the men's area finished under the lateral naves and in which the large section for women was divided into three parts. The Rabbi's voice couldn't easily be heard everywhere in the room and especially in the women's section, there was a new feeling of being separated from the rest.

re architettonico. Gli altri completano, interpretando forse in modo migliore di quello umbertino, le aspirazioni di abbellimento e di rilievo che si volevano per la zona, un isolato di un certo respiro soprattutto per gli spazi assegnati ai giardini interni.

Il mondo intorno aveva chiamato gli ebrei all'uguaglianza, a sentirsi cittadini integrati con la popolazione. Gli ebrei avevano risposto non con cambi di usanze e tradizioni. Il ghetto infatti rimaneva nel modo di affrontare la vita, nei timori per il futuro, in mille gesti e stili di vita. Ma le scelte grandi, quelle che portavano modifiche sostanziali per la comunità, erano dello stesso segno di quelle che loro stessi vedevano intorno.

Come a Firenze, a Trieste, a Torino il nuovo Tempio non era più un piccolo edificio nascosto, ma un monumento visibile da ogni parte della città, la cui cupola con i quattro spicchi è ancora oggi uno dei punti di riferimento del panorama di Roma. La sala di preghiera non era una piccola aula in ogni angolo della quale arrivava chiaro il canto del rabbino, ma un volume enorme con la zona degli uomini estesa fin sotto le navate laterali e il grande matroneo diviso in tre ordini. La voce del rabbino stentava ad arrivare dappertutto e nella zona femminile si viveva una diversa sensazione di separazione.

Era nata anche a Roma la Sinagoga dell'emancipazione, nella quale diminuiva il raccoglimento e nella quale la pianta monofocale, con il rabbino che prega e l'Aron ha Qodesh sulla parete di fondo, creavano una distanza notevole con i presenti.

Era perduto il contenuto e la proposta delle sinagoghe con pianta bifocale, nelle quali il rabbino è spostato verso il centro della sala, e in alcuni casi, le panche del pubblico guardano verso questo centro.

Non c'era più il senso delle storia precedente nei pezzi antichi strappati alle cinque Scole e rimontati in modo non filologico nella nuova sinagoga.

Le navate laterali del Tempio Maggiore so-

Uno squarcio nel buio: dopo l'apertura dei cancelli nel 1870 gli ebrei liberati guardarono oltre il fiume, apprendosi alle nuove libertà.
A break in the darkness. After the opening of the ghetto in 1870, the liberated Jews were able to see beyond the river, savouring new freedoms.

Linea netta d'argine, la sicurezza voluta in epoca umbertina per salvare la città dalle inondazioni che per il Ghetto erano una piaga costante, quasi di ogni inverno.
An embankment line, built under the kingdom of Umberto I as a safety net for the city against inundations. Floods were a constant winter plague for the ghetto.

The Synagogue in Rome was a fruit of the emancipation. It wasn't possible to be absorbed in prayer anymore and the new "monofocal" design of the synagogue, with the Rabbi praying and the "Aron-ha-Qodesh" being placed against the wall, created quite a distance to the visitors.

The feeling that a "bi-focal" Synagogue gives, in which the Rabbi stands more towards the centre of the room and in which the benches for the public sometimes stand facing him in this centre, was now lost.

There was no longer a sense of history in those ancient pieces of art which had been strapped from the five Scòle building and re-hung in the new Synagogue, in a non-philological way.

The lateral naves of the new Synagogue are now embellished by two "Aronot" from the Scòle building. Another one is in the Spanish synagogue, in the basement. The Catalonian "Aron" is a piece of art in marble and wood, which had lied abandoned in the basement for ten years. Recently it was restored through a joint initiative taken by Rome's Jewish Community and the Superintendency of Architectonic Heritage, and it can be seen in the corridor next to the Spanish synagogue.

The lovely mosaic fountain which had stood in the Catalonian synagogue, used as a basin for washing hands, has been restored and stands in the entrance of the same synagogue as the "Tevà" from the Castilian synagogue. The beautiful stone seats from the Scòle building finished up the same way. Those from the Catalonian synagogue are now in the Spanish synagogue and those from the Castilian and Sicilian synagogues are now in the Tempio Maggiore. The seats from the Scòla Nova are in the hall in front of the "Aron" from the Catalonian synagogue.

These are pieces of art that have been moved only a few metres from where they had been for three centuries. But an infinity of meaning separates them from their original seat.

Even the archives of the registry office of the

Luci del tramonto sulla facciata del Tempio Maggiore: si nota la rivisitazione locale, forzata ma suggestiva, dello stile assiro-babilonese che i progettisti vollero per avvicinare idealmente la comunità ebraica romana agli stili e al mondo d'Oriente cui la stessa Sinagoga si rivolgeva.
Sunset lights on the Main Synagogue. A local reinterpretation, inspiring yet twisted, of the Assyrian-Babylonian style. The designers thought of it to represent ideally the connection of the Roman Jewish community with the East and its art, toward which the synagogue looks.

Il Tempietto del Carmelo dopo il restauro.
The "Tempietto del Carmelo" after its restoration.

no ora abbellite da due Aronot delle Scole. Un altro è nel Tempio Spagnolo, al piano inferiore. L'Aron di Scola Catalana, un pezzo d'arte di marmo e legno è rimasto per decenni abbandonato nei sotterranei. Di recente è stato restaurato per iniziativa comune della Comunità Ebraica e della Soprintendenza ai Beni Architettonici ed è montato in un corridoio adiacente al Tempio Spagnolo.

La bella fontana a mosaico di Scola Catalana, destinata al lavaggio delle mani, restaurata, è all'ingresso dello stesso Tempio nel quale si trova la Tevà di Scola Castigliana. Stessa sorte hanno subìto i bellissimi seggi di pietra delle Scole: quelli di Scola Catalana nel Tempio Spagnolo, quelli di Scola Castigliana e Siciliana nel Tempio Maggiore, quello di Scola Nova nel corridoio di fronte all'Aron di Scola Catalana.

Sono oggetti d'arte che hanno percorso solo pochi metri da dove erano rimasti per tre secoli, ma da quella prima sede li separa un abisso di storia e di significati percorso in pochissimi anni.

Ha seguito la stessa sorte l'archivio dell'anagrafe degli ebrei di Roma, suddiviso per Scole fino all'inizio di questo secolo anche nella nuova collocazione degli uffici della Comunità ebraica, che ha poi deciso di riunire tutti gli iscritti in un'anagrafe unica. Così i vecchi libroni, dove con bella grafia sono annotate le storie di tante famiglie, sono stati raccolti non più per l'uso ma per futura memoria.

È stato, come si vede, uno sconvolgimento, un cambiamento repentino di rotta segnato dall'uscita dal ghetto, ma anche da un'interpretazione tutta diversa dell'identità ebraica e delle singole tradizioni.

Solo molto di recente è cresciuto l'interesse per gli archivi antichi. Solo adesso qualcuno si domanda da dove vengono e che storia hanno i vari pezzi sparsi tra il Tempio Maggiore e quello Spagnolo. Ma succede ancora, come è successo sempre, qualcosa di assoluto, di unico nella storia ebraica. Un ebreo di Scola Catalana che entra oggi nel Tempio Maggiore, in quello Spagnolo o in una delle sinagoghe minori, è ancora un ebreo catalano. Lo è per ceppo familiare,

Roman Jews saw the same end. They had been divided according to origin and rite until the beginning of this century, when the Jewish Community decided to unify the registers in one archive. In this way, the old, carefully handwritten books containing the history of many families, are no longer used for their original purposes, but primarily for future recollection.

As you can understand, this was an upsetting, unexpected and sudden change that started with the end of the ghetto and with a new way of interpreting Jewish identity and single Jewish traditions.

Recently there has been a growing interest in the old archives. Only now people start asking where they come from and where the different pieces of art, that are spread out in the Tempio Maggiore and in the Spanish synagogue, come from. But one thing still remains as it always has been, something that is absolute and unique for Jewish history and tradition. A Jew belonging to the Scola Catalana who goes into the Tempio Maggiore, the Spanish Temple or one of the minor Synagogues, is still a Catalonian Jew. He is a Catalonian Jew because of family roots and therefore by name and by tradition. That's why people ever more frequently ask about their origins. This search for belonging gives strength and a content to life, it gives a more rooted personal identity to everyone.

The rift separating the Jews in the Synagogue is less deep than the one that separates the spread out pieces of art from the Scòle building. An effort to understand is being made, a soft and ancient message that comes from within and that binds us to those who gave us life, hopes and a future. For the Roman Jews, it is a strong message, because it originates in the ghetto, in which for hundreds of years the tradition of the Fathers was never abandoned.

As for the Jewish identity, something more serious happened. Many people held on to it, through those years in which everything was levelled, periods during which a world of equals called upon everyone to be alike, with the inevitable risk of having minorities looking more and more like the majority populations. The Jews had even unexpectedly blessed the King during their religious cerimony.

While the new neighbourhood was being built, the Roman Jews felt the joy and the contradictions of this "proposal" made by society. Serious contradictions that some people perceived as deep wounds. The Roman Jews were patriots like other citizens, they were soldiers in the army of the new Kingdom and they fought in the First

Dagli scavi archeologici, dalle strettoie del quartiere, si alza al cielo il simbolo dell'emancipazione dal ghetto: la cupola del Tempio Maggiore visibile da ogni punto della città che lanciava gli ebrei liberati in un mondo di uguali.
From the archaeological diggings, from the alleys of the district the symbol of Jewish emancipation rises to the sky. The Main Synagogue's dome is visible from anywhere and talks about the new status of the Jews.

e perciò per nome e per tradizione. È per questo che è sempre più frequente la domanda sulle origini, la ricerca sulla provenienza che dà forza e contenuti alla vita e ad ognuno un'identità più radicata.

È meno profondo il solco che separa l'ebreo nel Tempio dai pezzi sparsi delle Scole. È in atto una ricerca di comprensione, forse quel messaggio sommesso ed antico che viene da dentro

La Sinagoga è più in alto. Più in alto delle colonne, delle mura antiche, dei tetti antichi pur arditi, delle coperture delle case ottocentesche: contro un cielo di libertà.
The Synagogue speaks of freedom; higher than the columns, than the old walls, than the roofs; higher than the 19th century houses.

Il Portico d'Ottavia visto da S.Angelo in Pescheria: uno sguardo familiare per chi vive il quartiere, per chi passa a piedi sotto il Portico per andare verso piazza Campitelli. Uno scorcio non comune che sottrae al monumento l'aspetto severo del Tempio per sottolineare invece l'aderenza delle case medievali alla parte antica.
The Portico d'Ottavia as seen from St. Angelo in Pescheria. A familiar scene for those who live in the area, for the passers by walking toward Piazza Campitelli. An uncommon view that takes away from the monument its sacred severity to underline instead the closeness of the medieval homes to the ancient area.

Pagina successiva/Next page.
La Sinagoga tra i platani del lungotevere.
The Synagogue through the plane-trees of the Lungotevere.

World War. Next to the military Chaplains, there were military Rabbis who accompanied the Jews to the front line.

This radical change in the lives of the Jews and new relationships with nearby neighbourhoods had created new ways of living in relation to certain areas. Free from the enclosing ghetto walls, the neighbourhood expanded, including buildings in the area up to the present-day Via Arenula and Via delle Botteghe Oscure. In this way a large number of buildings of noble families such as the Cenci, Costaguti, Mattei and Caetani family buildings came to be a part of the neighbourhood. Jewish life and mainly commercial business spread out and shops opened in the Rione S. Angelo area and in the nearby Regola and Campitelli areas, on Via dei Giubbonari, up to Piazza Campo de' Fiori.

Then things evolved in a natural way. The Jewish presence reached the still uncompleted urban axis from the Renaissance that passed through narrow streets that opened up on squares of a certain value, from the Capitoline Hill to Campo de' Fiori and the Farnese palace. In this way from Piazza Campitelli, through Via de' Funari, you could reach Piazza Lovatelli and Piazza Mattei with the famous Fontana delle Tartarughe (Turtle Fountain). From here, in spite of the "wound" created by Via Arenula, that cuts through the neighbourhood, you can continue to Via de' Falegnami and Via dei Giubbonari.

It was the very history of the ghetto that had brought the Jews in that direction. In fact, the so called "Leonian addition" that had enlarged the ghetto enclosure along the entire length of Via della Reginella, had created a presence of Jews in the direction of Piazza Mattei that had then been consolidated during the 1800's.

In the same way, Jews returned to the smaller towns in the provinces, showing just how forced and anti-historical the imposition of the papal edict had been, forcing the Jews of the Papal State into the ghetto. At the end of the 19th century and the beginning of the 20th, new working opportunities and a growing market led to an establishment of Jews in small towns where they already had lived in the past.

Velletri, Frascati, Sezze and other towns saw the local population once again share their lives and their futures with the Jews coming from Rome. Even in these places, the beginning of the 1900's brought with it signs of the end of the Pope's temporal power. The new Italian Kingdom had brought about radical changes and the relations to the free Jews were part of these.

Pagina precedente/Previous page.
Luce solo a mezzogiorno.
Light comes only at noon.

La targa stradale di via S.Angelo in Pescheria, doppio simbolo: da una parte la prima strada dietro il Portico d'Ottavia, attraverso la quale ci si avvia al quartiere fuori del ghetto, dall'altra memoria dell'antico mercato del pesce che si svolgeva al Portico e utilizzava le stesse antiche pietre come appoggio dei banchi di vendita.
The street plaque of via St. Angelo in Pescheria. A double symbol: on the one hand, it was the first street behind the Portico d'Ottavia, which led to the district right outside the ghetto. On the other, it's a reminder of the old fish market which was right next to the Portico and whose sellers used the stones as support for their little counters.

e si lega a chi ci ha dato vita, aspirazioni, futuro. Per gli ebrei di Roma è un messaggio forte, perché la provenienza è quella del ghetto, nel quale per secoli non si rinunciò alla tradizione dei Padri.

E per l'identità successe qualcosa di più grave: si conservò, per molti, attraverso gli anni in cui ogni individuo si equiparava agli altri, in quei periodi nei quali un mondo di uguali chiamava tutti ad assomigliarsi, con il rischio ineluttabile che le minoranze fossero sempre più simili alla maggioranza. Perfino il Re si era visto tributare un riconoscimento inatteso: gli ebrei gli avevano dedicato una benedizione inserita nella propria liturgia.

Gli ebrei di Roma vissero, mentre si costruiva il nuovo quartiere, la gioia e le contraddizioni di questa "proposta" che veniva dalla società. Contraddizioni gravi, vissute, in alcuni casi, come ferite. Furono patrioti come gli altri, gli ebrei di Roma, soldati dell'esercito del nuovo Regno, combattenti della prima Guerra Mondiale. Accanto ai cappellani militari c'erano rabbini militari che seguivano gli ebrei al fronte.

Il radicale cambiamento di vita degli ebrei ed il nuovo rapporto con i residenti dei quartieri vicini aveva creato un nuovo sistema di vita legato ai luoghi. Scomparso il recinto, si era allargato il quartiere, comprendendo le costruzioni fino all'attuale via Arenula e via delle Botteghe Oscure, e perciò anche un numero consistente di edifici nobiliari, tra i quali quelli delle famiglie dei Cenci, dei Costaguti, dei Mattei, dei Caetani. Le attività ebraiche, soprattutto di commercio, si erano estese al Rione S. Angelo e ai vicini Regola e Campitelli, portando attraverso via dei Giubbonari, fino a Piazza Campo de' Fiori.

Succedeva qualcosa di naturale: la diffusione della presenza ebraica era arrivata all'asse rinascimentale, mai completato, che dal Campidoglio raggiungeva Campo de' Fiori e Palazzo Farnese attraverso un percorso distinto da strade strette che si allargavano su piazze di un certo pregio. Così da Piazza Campitelli, attraverso via de' Funari, si raggiungevano Piazza Lovatelli e Piazza Mattei, con la celebre Fontana delle Tartarughe. Da qui, nonostante la "ferita" di via Arenula, il percorso prosegue in via de' Falegnami e via dei Giubbonari.

Era la stessa storia del ghetto che aveva portato gli ebrei in quella direzione. Infatti, l'addizione leoniana che aveva esteso il recinto per l'intera lunghezza di via della Reginella, aveva spostato proprio verso piazza Mattei una pre-

During this period of emancipation and renewal, the people in Rome chose to live an experience that was an expression of that period and of the new atmosphere, under the administration of Mayor Ernesto Nathan.

With the arrival of the House of Savoy, a wind of radical change passed over the city, transforming its face. Both in the urban plans that were executed and in those that had not yet been carried out, you could see all the signs of what today defines this period of transformation.

The arcades of Piazza Vittorio, the design of the river embankments and the five story buildings with similar architectonic features, mainly distinguished by their heavy look and presence of "ashlar-work" in the lower parts of their façades, standing next to each other in rows along wide streets, were typical examples of features from this period.

Even Ernesto Nathan himself embodied all the different aspects of Rome at that time. He was Jewish, but had a secular and universal approach. He had a global way of seeing the development of the city, that didn't neglect anything that made Rome's authentic heart beat. Certainly, those who were still shaken by the loss of privileges acquired during the period of the power of the Pope, didn't like him, because he incarnated the expectations and the desires of a growing capital, wishing for further expansion.

This was the period of the Saint Just's city planning scheme, which tried to tame and rationalize the uncontrolled spreading of new buildings and constructions. New services and means of transportation were needed in a city that was divided into suburban residential areas, still near the centre of the city and in a directional axis of political offices such as the Parliament, various ministries and buildings for public administration.

All the same, the Nathan administration lasted only a short while after which the city went back to living the quick rhythm of an uncontrollable pace of growth. Entrepreneurs saw the enormous demolitions taking place in the ancient city as new possibilities to realize personal ambitions and interests.

The buildings in front of the Synagogue were built between 1910 and 1920. The Roman Jews

La fontana delle tartarughe a piazza Mattei che si trova sull'asse urbano rinascimentale che parte dal Campidoglio e attraversa le altre piazze Lovatelli e Campitelli; il ghetto si chiudeva alla fine di via della Reginella, all'arrivo a piazza Mattei.
The turtles' fountain in Piazza Mattei, a square on the Renaissance urban directory starting from Capitol Hill to cut across the two squares, Lovatelli and Campitelli. The ghetto ended where via della Reginella meets Piazza Mattei.

La targa stradale: dall'epoca della costruzione degli edifici umbertini e della nuova Sinagoga, che coprono l'area un tempo occupata dal ghetto, la strada ha il nome attuale legata al Portico antico simbolo della zona urbana. Di recente una parte della via ha preso il nuovo nome, per iniziativa del sindaco Veltroni e della Comunità Ebraica, diventando piazza 16 ottobre 1943, il sabato nero della deportazione degli ebrei dal ghetto di Roma.
Street plaque: since the construction of the "umbertine" buildings and of the new synagogue in the ghetto area, the street took the present name: from the Portico, an ancient symbol of the former urban district. Recently, Mayor Walter Veltroni and the Roman Jewish community decided to rename it piazza October 16th, 1943, the mournful Saturday when Jews were deported from the ghetto to the death camps.

Vita e lavori a via del Portico d'Ottavia in una rara immagine degli anni '20 del novecento. Il marciapiedi di destra è da poco costruito, e sono perciò completate le opere di costruzione degli edifici umbertini e della Sinagoga che hanno sostituito il ghetto. Sulla sinistra si scorge il muretto che ancora separava la strada pavimentata in sampietrini dagli edifici più antichi (coll.privata).
Life and work at Portico d'Ottavia in a rare picture of the 1920s. The right sidewalk has just been finished thus completing the setup of umbertine edifices and the Synagogue that took the place of the ghetto. On the left the small wall that still separated the cobble stoned street from the older buildings (private collection).

senza che si era consolidata nell'arco dell'800.

Un altro fenomeno era avvenuto come questo in modo naturale. Gli ebrei erano tornati in provincia, a dimostrare quanto fosse stata forzata e antistorica l'imposizione delle Bolle papali che avevano costretto gli ebrei dello Stato Pontificio nel ghetto. Nuove occasioni di lavoro, un allargamento naturale del mercato, creò, tra la fine del secolo scorso e l'inizio di questo, nuova presenza ebraica in centri che già ne avevano avuta in passato.

Così Velletri, Frascati, Sezze ed altri centri videro di nuovo la popolazione locale intersecarsi con la vita e i destini degli ebrei che venivano da Roma. Anche qui l'inizio del '900 portava segni tangibili della fine del potere temporale del Papa: il nuovo Regno aveva portato cambiamenti radicali, e di questi faceva parte il rapporto con gli ebrei ormai liberi.

I romani scelsero in questo periodo di emancipazione e di rinnovamento di vivere un'esperienza che è legata al tempo e porta con sé tutti i segni della nuova atmosfera: l'amministrazione del sindaco Nathan.

Era passato il vento di radicale mutamento che aveva modificato il volto della città dopo l'arrivo dei Savoia. Sia nei fatti che nelle previsioni di grandi interventi urbanistici ancora non attuati era presente il segno di un'impronta che ancora oggi definisce gran parte delle trasformazioni.

Queste rimasero nei portici di piazza Vittorio, nel disegno degli argini del fiume, nei fabbricati allineati lungo strade larghe, in media di cinque piani, con le stesse caratteristiche architettoniche, contraddistinti soprattutto dall'aspetto massiccio e dalle bugnature nelle parti basse delle facciate.

Ernesto Nathan raccoglieva in sé gli aspetti multiformi della Roma di allora: era ebreo, ma rappresentava una laicità ed un approccio universali. Guardava allo sviluppo cittadino in senso globale, senza trascurare nessuna delle componenti che facevano pulsare il cuore autentico di Roma. Di certo non piaceva a chi era ancora scosso dalla perdita dei privilegi acquisiti al tempo del papa, tanto da incarnare le attese, le aspirazioni di una capitale in crescita che attendeva ulteriori ampliamenti.

Fu il tempo del Piano Regolatore di Saint Just, che cercava di dare una regola e una razionalità a costruzioni che poi sarebbero diventate numerose e incontrollabili. Servivano nuovi servizi, nuovi trasporti, mentre la città si divideva in una periferia destinata alla residenza ma ancora vicina al centro, e in un asse direziona-

Vicinanza di case, giochi di luci e ombre sulle facciate: è il carattere del quartiere rimasto dopo la demolizione del ghetto, quello che accolse gli ebrei che non avevano più casa, e che ora aiuta a ritrovare il senso del mondo stretto della vita dei vicini con i vicini, fino al silenzio del vicolo all'alba.
Proximity of homes, light and shadow on the facades, this is the identity of the district that housed homeless Jews and that now helps others to trace the sense of a small, enclosed, whispering world of close neighbours.

Un'altra immagine della fontana delle tartarughe a piazza Mattei.
Another picture of the turtles' fountain in Piazza Mattei.

le legato alla città politica del Parlamento, dei ministeri e della pubblica amministrazione.

Tuttavia Nathan durò poco e la città riprese a vivere il ritmo rapido e discutibile di una crescita incontenibile, segnata dalle nuove possibilità legate alle costruzioni e ad imprenditori che vedevano nelle demolizioni cospicue in corso nella città antica un incentivo alle proprie ambizioni e ai propri interessi.

Sono degli anni tra il 1910 e il 1920 le costruzioni degli edifici di fronte alla Sinagoga. Gli ebrei di Roma vivevano la novità del nuovo luogo di culto, mentre intorno cresceva il cantiere che copriva definitivamente i resti del ghetto, con gli edifici poggiati sulle murature medievali e queste su vestigia molto più antiche.

Dalle fotografie dei matrimoni, scattate sul cancello nero di via del Tempio o accanto alle colonne del pronao, sorridono gli ebrei romani che assistevano a quel mutamento.

* * *

Senza i cancelli

È difficile riuscire a cogliere oggi la sensazione che vissero gli abitanti del quartiere e quelli che lo erano stati e ritornavano per amicizia, per nostalgia, per legame con le pietre e coi ricordi.

Il ghetto era stato un vincolo, il luogo che allontanava il mondo intorno e la lente di ingrandimento della via interna. Lì ogni storia, ogni fatto, la gioia e la sofferenza raggiungevano tutti, rimbalzando di casa in casa. Lì erano sorti e si erano rafforzati vincoli tra le persone e ognuno si era legato, liberamente o per forza, a tutti gli altri. Da lì dentro era salito alto il canto alla libertà e alla Terra Promessa, terra di sogno, di autonomia, di identità, che faceva tremare le mura di cinta, che raccontava altre storie, altri orizzonti.

I cinque cancelli apparivano alla luce di ogni nuovo mattino più miseri, più cinici, più uguali: il legame forzato che aveva cancellato i luoghi della residenza precedente. Così Trastevere, i piccoli centri che avevano accolto gli ebrei del Lazio, le tante comunità della Sicilia, la tradizione e i centri di studio di Catalogna, Castiglia, Andalusia tornavano nei racconti e nei riti senza scomparire, senza mai perdersi nella nuova costretta esperienza comune.

Ma gli ebrei del ghetto, pur ricordando, pur sognando e pregando, pur anelando al futuro migliore che doveva arrivare, si erano legati ad ogni strada, ad ogni casa. Ogni pietra, ogni mattone, ogni angolo di quel mondo, ogni gradino, ogni stretto passaggio tra i vicoli era un elemento familiare, conosciuto e sicuro.

were experiencing the novelty of their new place of worship, while building yards continued to cover up the remains of the ghetto - buildings erected on medieval walls, which stood on even more ancient ruins.

In wedding photographs taken at the black gate on the Via del Tempio or next to the columns in the pronaos, you can see smiling Roman Jews who witnessed these changes.

* * *

No more gates

It's difficult for us today to understand what feelings the inhabitants of the ghetto had or what the former inhabitants felt when they came back to visit the area, either for nostalgic reasons or simply because of their relations to the ancient stones in the heart of the city.

The ghetto used to be a restriction, a place that shut out the outside world and at the same time it was a magnifying lens of the life within those walls. Everything that happened, joy or immense suffering, reached everyone, echoing from house to house. Bonds between people were created and strengthened in the ghetto. By free will or by needs, every single person was linked to all of the others. Songs of freedom and hymns to the Promised Land, the dream land, the land of independence and of identity, arose from inside the walls and made those walls shake. Outside of which there were other stories and other dreams.

In the morning light of every passing day, those five gates must have seemed more and more miserable and cynical. They stood there unvaried and were the link that had erased every origin. So, the Trastevere area and the small towns in the Lazio province that had welcomed the Jews, the many communities in Sicily, Catalonia, Castilia, and Andalusia were brought back to life in the stories and in the rituals in the new, common experience in the enclosure. But the Jews of the ghetto, even though they remembered, dreamed and prayed and even yearned for a better future that was to come, were still tied to every street and to every house in the ghetto. Every stone, every brick or corner of that world, every step and every narrow passageway between the alleys represented something familiar, well known and secure.

When the ghetto was gone and when the only things that could be seen were the new Synagogue and the fountain by Della Porta standing completely alone on that deserted and levelled area, a great sense of emptiness took over.

Then people met near the old buildings, in Via della Reginella, in Vicolo S. Ambrogio and up to Piazza Mattei.

L'edificio liberty, il villino Astengo, che si trova all'angolo tra via del Tempio e il lungotevere de'Cenci, una delle quattro costruzioni che compongono l'isolato davanti alla Sinagoga.
The Villino Astengo, a Liberty building on the corner between Via del Tempio and the Lungotevere de' Cenci. One of the four constructions constituting the block in front of the Synagogue.

Dall'angolo del villino Astengo sul lungotevere si scorgono altri due villini, quello adiacente sullo stesso lungotevere de'Cenci e quello all'angolo tra via del Tempio e via Catalana.
From the corner of the Villino Astengo by the Lungotevere, two other buildings can be seen: the closer one on the same Lungotevere de' Cenci and one at the corner between via del Tempio and via Catalana.

E quando il ghetto lasciò il posto ad una spianata deserta, dove si guardavano, escluse dal contesto, la nuova sinagoga e la fontana di Della Porta, ogni altro sentimento fu soppiantato da un senso di vuoto.

Gli incontri della gente si schiacciarono sulla linea dei fabbricati antichi, si rincunearono per via della Reginella e vicolo S. Ambrogio, fino a piazza Mattei.

Nelle fotografie i gruppi, le donne, i bambini danno le spalle ai fabbricati, guardando in avanti. Sono rare le persone che compaiono sulla spianata libera.

I commentatori della fuga degli ebrei dall'Egitto del Faraone verso la libertà raccontano lo sforzo di Mosè e Aronne mentre il popolo muove i primi passi nel deserto. Con chiarezza, senza mezzi termini, dicono che fu più facile far uscire gli ebrei dall'Egitto che l'Egitto dal cuore degli ebrei. Perché per tutti, e per la tradizione ebraica in particolare, i luoghi della vita, qualunque essa sia, anche la più misera, la più sofferta e dura, sono i luoghi dell'amore, dei gesti e della memoria, di un passato che si attacca addosso e non va più via.

Ancora oggi, a quartiere costruito e vissuto, è raro vedere gente ferma, che scambia ed incontra, che vive e siede all'aperto nell'area degli edifici nuovi. La vita vera è ancora schiacciata su quelli vecchi. Là trova forza, voce, più anima e più storia.

Le demolizioni hanno portato via gli edifici, hanno schiacciato storie, pietre, immagini contro due, tre isolati soltanto. Hanno allargato il quartiere e ristretto i luoghi della memoria.

Ma dal 1900 agli anni '30, mentre intorno si viveva la formazione della nuova zona urbana, lo scambio di esperienze, di incontri e la nascita di una nuova, esile eppur forte tradizione orale, rafforzavano la presenza della gente del quartiere e della solida componente ebraica.

Quel processo è cresciuto fino a far diventare il quartiere-recinto un quartiere di vita e di memoria, la "piazza" degli ebrei di Roma.

Chi la vive ignora i nuovi edifici, dimentica il frastuono, il traffico, le automobili frequenti e assordanti. Ci si parla da un lato all'altro della strada come se ciò che è nuovo e si muove intorno non esistesse. È un sistema antico, un modo di vivere e di parlarsi senza luogo e senza tempo. Un modo di vita che ha il senso magico della mente e della fantasia, di antichi rapporti di fratellanza e di tradizioni e ideali che accomunano.

Sono passate tempeste sulla gente del ghetto e un ciclone di cambiamenti sugli ebrei che re-

In photographs from that period, groups, women or children always look straight into the camera, with their backs to the buildings. Pictures of people were rarely taken in the open area.

Those who commented the flight of the Jews from Egypt towards freedom tell about the difficulties that Moses and Aron had to face with all the people taking their first steps in the desert. They say very clearly that it was easier to bring the Jews out of Egypt than it was to take Egypt out of the Jews. For everyone and especially for the Jewish tradition every place, wherever it may be, even the poorest, the most wretched or even a place in which you have suffered is made of love, of gestures and of memories of a past that sticks to you and just doesn't go away.

Even today, when the neighbourhood has been restored and lived in, rarely you see people stopping, meeting each other, exchanging views, sitting in the open where the new buildings are. "Real life" still goes on near the old buildings, which still offer strength, soul and history.

During the demolitions buildings were torn down, stories were forgotten and stones and pictures were run over in an area of only two or three blocks. The neighbourhood expanded but the amount of places with a memory became fewer.

But from 1900 to the 1930's, while the new urban area was being created, meetings, the possibility to exchange experiences and the birth of a new, strong oral tradition strengthened the position of the people of the neighbourhood and its strong Jewish component.

That process continued until the former enclo-

Una rara vista dal dirigibile della "spina di Borgo" databile all'inizio degli anni '20 del novecento. La spina fu demolita negli anni '30 per far spazio alla monumentale via della Conciliazione: proseguiva la politica di demolizione di intere parti dei quartieri antichi per dare posto alla Roma monumentale voluta prima dall'amministrazione di origine sabauda, poi dal fascismo. I residenti venivano spostati in nuovi quartieri allontanando la popolazione del centro, un fenomeno che non si è più arrestato. (coll.privata)
A rare view, taken from a dirigible, of the "backbone of Borgo" dating back to the beginning of the 1920s. The backbone was demolished in the '30s to make room for the monumental Via della Conciliazione. The Savoyard policy of demolishing whole parts of the ancient districts to give way to a monumental Rome was thus continued by Fascism. The residents were relocated to other districts thus starting the depopulation of the center, a phenomenon that has not stopped since (private collection).

Piazza Scossacavalli si apriva al centro della spina di Borgo prima della sua demolizione. La fontana che si trovava al centro della piazza fu spostata di fronte alla chiesa di S. Andrea della Valle al corso Rinascimento, dove si trova ancora adesso (collezione privata).
Piazza Scossacavalli opened at the center of the backbone of Borgo before its demolition. The fountain at the center of the square was moved in front of the Church of S. Andrea della Valle in Corso Rinascimento, where it still is (private collection).

spiravano la libertà. È scomparso quasi tutto, ma il senso più profondo dell'identità e del legame al luogo si è rafforzato. L'ha salvato una sorta di particolare abitudine o filosofia dell'esistenza. L'ha restituito ad un altro mondo e ad un altro tempo per un aspetto particolare: anche nel ghetto di Roma il riferimento forte era il non avere riferimenti. O meglio, averne, ma nascosti nel modo di parlare, nell'educare e nell'assistere gli altri, nello studiare, pregare e anche nel cucinare.

Claudio Magris racconta, chiosando il titolo di un suo studio famoso, un midrash illuminante: un ebreo sta fuggendo da un pogrom, cambiando per necessità di nuovo dimora; un amico non ebreo lo ferma e, rattristato, gli dice che ha saputo e gli chiede se andrà lontano. Si sente rispondere "lontano da dove?"

Gli ebrei di Roma, stanziali più di ogni altro, per quanto lo possa essere un ebreo, questo "dove" lo hanno avuto, perduto e ritrovato, dando ancora voce al quartiere più radicato, vivo e antico della città.

Con un esempio al limite, si potrebbe dire che restringendo ad un cerchio il luogo della memoria, vi si troverebbe dentro ancora l'anima di "piazza Giudia".

Lo scambio, il richiamo, ogni gesto d'amore, ritornano, per quanto è successo nei primi tre decenni di questo secolo, nel triangolo fra S. Maria del Pianto, via del Portico d'Ottavia e via della Reginella.

Tradizione e ricordo degli anni liberi si stringono e si ritrovano, si alzano al cielo, si spandono sognando e chiamando e ritornano in quel nodo di vie, non più grande dello spazio che fu quello di piazza Giudia fuori e dentro il ghetto.

sure became a neighbourhood full of life and memories, the "square" in which the Roman Jews met.

Those who live there ignore the new buildings and forget the deafening noise of the traffic. They talk with each other from one side of the street to the other as if what was new and what was happening around them didn't exist. It's an old system, a way of living and communicating without place and without time. It's a way of life that preserves the magic of the human mind and of human fantasy, made of relations of brotherhood and of common traditions and ideals.

Storms have passed over the people in the ghetto and hurricanes of changes on the Jews who had started tasting freedom. Almost everything was gone, but the deep feeling of identity and the bonds to the ghetto were strengthened. What saved it was a particular way of doing things, a sort of philosophy of existence. The ghetto was reborn in a new world, in a new time, in a very special way. In the Roman ghetto the strongest reference was to not have any references. That is to say, to have references but to hide them in the way of speaking, in the way of educating children and of assisting others, in the way of studying, praying and even in the way of cooking.

The Italian author Claudio Magris tells, annotating the title of one of his famous studies, an illuminating *midrash* (anecdote): A Jew was escaping from a pogrom, being forced to change home. A non-Jewish friend stops him and tells him very sadly that he knew about the move and asks him if he's going to go far way. The friend hears him reply "far away from where?"

As far as Jewish migration goes, the Roman Jews have been more permanent and non-migratory than other Jews. They have had "a place", which has been lost and then found again and they are still the expression of the oldest, most living and firmly rooted neighbourhood in this city.

In fact, you could even drastically say that, if "the place of memories" was a circle, the soul of the Jewish square "Piazza Giudia" would be inside of it.

Memories, exchanges and gestures of love all come back, and they belong to the very small area formed between the S. Maria del Pianto block, Via del Portico d'Ottavia and Via della Reginella, during the first thirty years of the 20th century.

Tradition and memories from the years of freedom tighten and are tied together. They rise to the sky, spread out in the air, dreaming and calling, to then come back to that knot of streets, no larger than the small area that used to be the Piazza Giudia outside and inside the ghetto.

FINE DI UN'ILLUSIONE:
LEGGI RAZZIALI
E DEPORTAZIONE
(1938-1945)
THE END OF AN ILLUSION:
RACIAL LAWS
AND DEPORTATION
(1938-1945)

Il fascismo aveva rappresentato un taglio netto con il passato. L'abolizione delle libertà democratiche aveva segnato il Paese, ma molti avevano visto in questo un momento di rottura e di crescita anziché di limitazione e di avvilimento. Le scelte urbanistiche del regime, ben definite soprattutto a Roma, avevano avuto lo stesso segno. Era stata cancellata la Suburra, per dar spazio con la Via dell'Impero, oggi Via dei Fori Imperiali, alle manie di grandezza del Duce.

La Spina dei Borghi aveva lasciato spazio a Via della Conciliazione, dove Piazza Scossacavalli si apriva discreta tra i vicoli antichi, offrendo alla vista la bella fontana che oggi si trova di fronte alla Chiesa di S. Andrea della Valle a Corso Vittorio. Scompariva la meraviglia di quanti dai vicoli stretti della Spina uscivano sulla monumentale e gigantesca Piazza S. Pietro, dove il tram girava sbucando da un vicolo per rinfilarsi nel parallelo in senso opposto. I residenti si ritrovarono alla Garbatella, il nuovo quartiere nel quale il Duce non riscosse mai gran simpatia.

Nella zona adiacente al Teatro di Marcello scomparivano Via e Piazza Montanara, oggi presenti solo nei toponimi come luoghi della memoria. Erano le strade dove si offrivano negli anni dell'inizio del secolo i lavoratori a giornata, che sostavano dall'alba in attesa di una proposta di lavoro. Intorno le stesse piccole botteghe della zona del ghetto, in un tessuto edilizio fitto che avrebbe lasciato il posto alla Via del Mare, oggi Via del Teatro di Marcello e Via Petroselli.

Gli ebrei erano parte di quella nazione. Ormai emancipati dal ghetto, vivevano le vicende del Paese integrati con la popolazione.

Poco dopo i Patti Lateranensi del 1929 anche gli ebrei avevano avuto una legge che ne regolava lo status di cittadini e l'organizzazione delle istituzioni. Varata nel 1930, riconosceva un diritto inatteso di nomina democratica dei consigli delle Comunità e faceva di fatto degli ebrei italiani parte integrante della società.

Proprio per questo furono tanto più sconvolgenti le leggi che nel 1938, dopo un pe-

Fascism cut off the past. The abolition of democratic rights marked Italy, but many people saw this as a moment of growth and of breaking off with the past and not as a limitation and humiliation. As far as city planning goes, the choices made by the regime were well defined, especially in Rome and they were of the same kind. The area called the "Suburra" was torn down in order to create Via dell'Impero, today Via dei Fori Imperiali, and other areas where Mussolini's mania for grandeur could find an expression.

The so called "Spina dei Borghi", which was a conglomerate of old buildings and narrow alleys, was torn down to give way to Via della Conciliazione, where Piazza Scossacavalli discreetly opened up between the old alleyways, offering the sight of the lovely fountain that today stands in front of the S. Andrea della Valle Church on Corso Vittorio. The narrow alleyways of this neighbourhood led to the open, monumental and gigantic St. Peter's square, where the tram sprang out from one alley, made its end stop and then disappeared into another alley in the opposite direction from where it had come. With the demolition of this area the marvellous surprising effect created in passing from narrow alleys to an enormous square, was completely destroyed. The former residents of this neighbourhood were moved to the new Garbatella area, in which *Il Duce* wasn't much loved.

In the area near the Teatro di Marcello, both Via Montanara and Montanara square were destroyed, but the names still exist recalling these places from the past. In these streets, during the early years of the 20th century, those who worked on a day–to-day basis used to stand from early morning, waiting for possible work proposals. In this neighbourhood you could find the same small shops as in the ghetto. It was a densely built area, that later would be torn down becoming the Via del Mare, which today is called Via del Teatro di Marcello and Via Petroselli.

The Jews were now a part of the Italian nation. They were free from the ghetto and lived through the political events integrated with the rest of the population.

riodo di crescita di un'identità ebraica libera, riportavano ogni ebreo a vivere in maniera separata ed avvilita la propria diversità. Pur con atteggiamenti diversi, con acquiescenza o spirito critico, avevano vissuto un periodo sere-

Pagina precedente/Previous page.
L'ingresso dell'Ospedale Fatebenefratelli che accolse molti ebrei in fuga.
Entrance to Fatebenefratelli Hospital which offered refuge to many Jews in flight.

L'ospedale visto dalla sponda sinistra, ovvero dalla linea del Ghetto.
Fatebenefratelli Hospita seen from the left river bank, that is, from the line of the Ghetto.

Cupola della Chiesa di S. Gioacchino nel quartiere Prati: durante l'occupazione nazista il coraggioso parroco nascose alcuni ebrei nell'intercapedine della cupola.
S. Gioacchino Church dome in the Prati neighbourhood: during the Nazi Occupation, its courageous parish priest hid some Jews in the hollow dome space of the Church.

Complesso di S. Bartolomeo all'Isola Tiberina – Ospedale Ebraico: la piccola finestra in alto è ancora oggi l'affaccio del Tempio dei Giovani. Durante l'occupazione nazista fu l'oratorio del Rabbino Panzieri che con estremo coraggio tenne quest'unico Tempio sempre aperto.
S. Bartolomeo complex on the Isola Tiberina - Jewish Hospital: the small window upstairs belongs today to the Tempio dei Giovani. It used to be the oratory of Rabbi Panzieri who in a show of extreme courage, always kept this only Synagogue opened throughout the Nazi Occupation.

Not long after the Lateran Treaty, of in 1929, another law regarding Jews, that regulated their status of citizens and the organization of institutions passed in 1930. It recognized the, at the time, unexpected right of a democratic nomination of the board of the Jewish Community and made the Jews an integral part of the Italian society.

These were the reasons for which the laws which, after a period of growth of a free Jewish identity, in 1938, took all the Jews back to living, each one on his own, and in a humiliating way, their very diversity were considered even more devastating. Until then they had lived through a peaceful period in which everyone in their own way, some with calm spirits and others critically, had shared the same difficulties as the non-Jewish population.

The Racial Laws created a fracture that could not heal. A deep rift made of suffering, worries for the future and of penalization and incredulity had opened up. Many Jews didn't immediately believe what was happening and others searched ways out which would at least allow them the sensation of being equal to the others.

Italy followed Hitler's instructions with

IL 16 OTTOBRE 1943
QVI EBBE INIZIO
LA SPIETATA CACCIA AGLI EBREI
E DVEMILANOVANTVNO CITTADINI ROMANI
VENNERO AVVIATI A FEROCE MORTE
NEI CAMPI DI STERMINIO NAZISTI
DOVE FVRONO RAGGIVNTI
DA ALTRI SEIMILA ITALIANI
VITTIME DELL'INFAME
ODIO DI RAZZA

I POCHI SCAMPATI ALLA STRAGE
I MOLTI SOLIDALI
INVOCANO DAGLI VOMINI
AMORE E PACE
INVOCANO DA DIO
PERDONO E SPERANZA

A CVRA DEL COMITATO NAZIONALE
PER LE CELEBRAZIONI DEL VENTENNALE
DELLA RESISTENZA   25 OTTOBRE 1964

"E NON COMINCIARONO NEPPURE A VIVERE"

IN RICORDO DEI NEONATI
STERMINATI NEI LACER NAZISTI
IL COMUNE POSE NELLA GIORNATA DELLA MEMORIA

GENNAIO 2001

Lapidi: terribili a futura memoria in Piazza16 ottobre 1943,
ricordano la deportazione del Sabato Nero delle persone e dei
neonati che "non cominciarono neppure a vivere".
Stone plaques: dreadful memories for the future,
in the square called Piazza 16 October 1943, recall the deportation
on "Black Saturday" of people and new-borns who
"hadn't even begun to live".

no nel quale le difficoltà erano state le stesse della popolazione non ebraica.

Con le Leggi Razziali si consumava invece una rottura non sanabile, si scavava un solco profondo fatto di sofferenza, di preoccupazione per il futuro, di penalizzazione e di incredulità. Furono molti a non credere subito, e molti altri a cercare scappatoie che conservassero loro almeno la parvenza di essere uguali agli altri.

L'Italia seguiva supinamente le indicazioni venute dalla Germania di Hitler. La frattura che ne conseguiva all'interno dello Stato italiano risultava comunque a molti, ed anche alla maggior parte degli ebrei, dolorosa e incomprensibile.

Fu un editore ebreo, divenuto famoso per "I Classici del Ridere", che impersonava tanta parte delle iniziative della cultura degli anni '30,

servile obedience, which resulted in a fracture within the Italian State, which for many people and for most of the Jews was very painful and incomprehensible.

It was a Jewish editor, famous for the book "I Classici del Ridere" (The Classics of Laughing), who represents much of the culture in the 1930's, who by sacrifying his own life underlined just how much more tragic the situation was than what could be understood from daily painful life. This editor, whose surname was Formiggini, desperately committed suicide from the Ghirlandina tower in the city of Modena. A gloomy period made of pain and death, of persecution and flight had begun in a century that had started with great hopes that the time of enclosures, of discrimination and of summary justice were forever gone.

In Rome, as in the rest of Italy, the most serious problems were linked to work. Jews weren't allowed to hold public jobs, to have their own businesses or even to attend public schools and universities. This initial trauma was followed by daily tragedies. The Jews that had done so much to avoid the risk of being forced to convert at the house of the Catechumens during the period of the ghetto, found themselves having to accept "proposals" of conversion with a supposed face value, when "asking" to be enrolled in Catholic schools. What actually had begun was an attack on Jewish identity, sometimes it was direct and sometimes not. A Jewish identity that in some cases, once quite far away from the tough attitude of the Jews of the ghetto, wasn't able to defend itself anymore. In the city of the Popes, separation and subjection to a dominating religion were reintroduced.

Realizing the risks of a loss of identity, the Roman Jewish Community vigorously increased their activities, organizing Jewish schools for the education of students of all ages. The mathematician Guido Castelnuovo, suffering in this new period of discrimination, organized a Jewish university course by correspondence in scientific subjects.

How did a Jew, who still had family memories and experience of a life shut within the gates that had just been removed at the end of the previous century, live those years, the radical changes brought about by new separations in the beloved city?

In a Jewish household, the grandfather born in the ghetto still spoke about what the obligation of going home in the evening inside the enclosure had felt like. He spoke of the new

a sottolineare con la rinuncia alla propria vita che si era consumata una tragedia più grande di quanto gli stessi dolorosi fatti contingenti facessero capire. Era l'editore Formiggini, che si lasciò cadere dalla Ghirlandina di Modena: iniziava un periodo cupo, fatto di dolore e di morte, di persecuzione e di fuga, in un secolo che era iniziato con la grande speranza che il tempo dei recinti, delle discriminazioni, della giustizia sommaria, fosse finito per sempre.

A Roma, come nel resto d'Italia, i problemi più gravi erano legati al lavoro, poiché gli ebrei non potevano avere impieghi pubblici, né esercitare libere professioni, e nemmeno frequentare scuole pubbliche o università. Al trauma iniziale facevano seguito le piccole tragedie quotidiane. Così quegli ebrei che tanto avevano fatto per affrancarsi dal rischio corso durante il ghetto di essere di forza convertiti nella Casa dei Catecumeni, si trovavano di fronte, chiedendo l'inserimento in scuole cattoliche, a "proposte" di conversione che avrebbero dovuto avere un solo valore di facciata. In realtà era cominciato, come trascinamento del fatto iniziale, un attacco, a volte diretto, a volte strisciante, ad un'identità ebraica che era diventata in alcuni casi, lontana dall'atteggiamento resistente degli ebrei del ghetto, incapace di difendersi. Nella città del Papa si riproponeva la separazione e si rivivevano rapporti di sudditanza alla religione dominante.

Visti i rischi per la perdita di identità, presero maggior vigore le attività della Comunità Ebraica di Roma per organizzare scuole ebraiche che consentissero l'educazione di alunni di tutte le età. Il matematico Guido Castelnuovo, provato dalla nuova discriminazione, fu la mente dell'organizzazione a Roma di un corso universitario ebraico per corrispondenza in materie scientifiche.

C'è da domandarsi come vivesse quegli anni, la propria città, i cambiamenti radicali dovuti a quella separazione, un ebreo che ancora portava nel ricordo familiare e personale gli strascichi e l'esperienza della vita chiusa nel recinto scomparso alla fine del secolo precedente.

In una casa ebraica il nonno nato nel ghetto ancora raccontava cosa aveva significato tornare la sera nel recinto per obbligo. Diceva dei sentimenti nuovi legati alla liberazione di Roma dal dominio papale. Parlava della gioia di aver visto nascere suo figlio come persona libera fuori del ghetto. Se ne era allontanato, aveva allargato conoscenze ed amicizie, scambiando vita e cultura in una città per molti versi

feelings that arose in connection with the liberation of Rome from the dominion of the Popes and of the joy of having seen sons born as free individuals outside of the ghetto. He had moved away from the old neighbourhood, widened his knowledge and made new friends, exchanged lifestyle and culture in a city which, in many ways, was new. He now lived in middle-class neighbourhoods, usually near some other Jew, but he was integrated and satisfied with his new identity. Grandchildren had come and while time was heeling the most bitter memories, while he was telling about how it was, new discriminations knocked on his doors. All of a sudden, these same grandchildren couldn't continue attending the schools they had gone to, because of the Racial Laws that passed in the beginning of the academic year 1938-39. It was a violence that devastated minds and hearts. A couple of decades were enough to turn the clock back in time.

Even in the relation between the Jews and certain places, in a city which must have seemed familiar and unfamiliar at the same time, something new and unexpected happened. The Jewish neighbourhood had been the centre of identity, of separation and of suffering. Since the beginning of the century it had become an ideal reference. The new neighbourhoods into which the Jews had moved were satellites, in which free men followed their families, worked in their professions and felt the pleasures of having a certain type of home and neighbourhood. The memories of and the reference to the area around the Synagogue had turned it into just an ideal meeting point.

But now references changed once again. The Roman Jews continued living where they were, but started looking at this place of the Jewish memories with pain, but also with the feeling that it was the only thread of hope and dialog left. Either trying to understand or simply deciding what to do to face this new tragedy, people had to meet and consult each other, choosing to do so singularly or in groups, changing the way of using certain places. This time there wasn't a physical constriction in the neighbourhood, but the neighbourhood came to life again because people needed it. Around the Synagogue, the Human physical presence grew.

Some Jews thought that it was better to leave. These were the most active and alert people, who had human and above all economic resources that enabled them to escape from this millenarian residence. A new period in which Jews were crushed, driven away in flight, in

si nuova. Abitava in un quartiere borghese, vicino a qualche ebreo, ma integrato con gli altri, in un'atmosfera di soddisfazione e di nuova identità. Erano arrivati i nipoti e mentre tutto scorreva lontano dai ricordi più amari, era costretto a vedere, potendo raccontare ancora cosa era stato, una nuova discriminazione abbattersi sulla casa. I nipoti, ormai ragazzi, non potevano frequentare più le scuole dell'anno prima, d'improvviso, in quanto le Leggi Razziali erano state promulgate all'inizio dell'anno scolastico 1938-39. Era una violenza che sconvolgeva la mente e colpiva il cuore: pochi decenni erano bastati a ritornare indietro in un attimo.

Succedeva qualcosa di inatteso e di nuovo anche nel rapporto degli ebrei con i luoghi, in una città che doveva apparire familiare ed estranea ad un tempo. Il quartiere ebraico era stato il nucleo dell'identità, della separazione e della sofferenza. Era diventato dall'inizio del secolo un riferimento ideale, per il quale la nuova residenza ebraica rappresentava una sorta di città satellite, nella quale uomini liberi che seguivano la propria famiglia, la professione, il gradimento di un tipo di abitazione e di quartiere, avevano fatto del ricordo e del riferimento alle zone intorno alla Sinagoga un punto di incontro tutto ideale.

Adesso no. Il riferimento cambiava di nuovo. Gli ebrei romani rimanevano ad abitare dov'erano, ma guardavano al luogo della memoria ebraica certo con dolore, ma con l'unico filo di speranza e di dialogo che rimaneva: quello di confrontare il nuovo dramma, di comprendere oppure semplicemente decidere cosa fare, in un incontrarsi, consultarsi e scegliere vie singole o comuni che cambiavano di fatto l'uso dei luoghi. Senza che ci fosse stata, questa volta, una nuova costrizione legata al quartiere, era questo stesso che riviveva per la necessità dei sentimenti, una presenza fisica intorno al Tempio, di nuovo più viva.

Qualcuno pensava che fosse preferibile andar via. Erano le persone più attive ed attente, quelle che avevano risorse umane, ma soprattutto economiche, per poter abbandonare i luoghi di una residenza millenaria. Si era rinnovata l'epoca degli ebrei scacciati, delle fughe, delle traversate per mare. I luoghi che avevano accolto gli ebrei della Palestina, quelli che avevano visto altri, schiavi, arrivare con Tito, che avevano riunito in un quartiere minuscolo gli ebrei della Sicilia e della Spagna e che testimoniavano periodi di sofferenza e momenti

which they crossed seas, had come. Those places that had welcome Jews from Palestine; that had seen other Jews arriving with Titus as slaves; that had gathered in one tiny neighbourhood Jews from Sicily and from Spain; that had witnessed periods of suffering and of freedom; those same places were now seeing a new Exodus. Families separated, heading for the United States, Brazil and Argentina. Those who were closer to the Zionist idea of Theodor Herzl went to Palestine, where pioneer-like conditions awaited them as well as the British protectorate, with whom they would have to establish relations that sometimes were very tough.

The whole world was heading towards new devastation. The year 1939 had seen the beginning of a new world conflict, caused by the same mind and will that had imposed false and pretentious claims of superiority of some people on others, first in Germany and later in Italy. In 1940, Italy entered into war. But the anti-Semitic discrimination taking place consented some people and families a particular situation, for a certain period of time. The exclusion of the Jews from public offices, from certain professions and from public schools also regarded the military. Jews didn't fight in the war because the Italian military didn't want them.

A new period of difficulty and poverty began, but with a thriving hope that the war would soon finish. But it was a long war with complicated international relations and with an enormous tragedy that invaded Europe. News leaked out about German atrocities occurring against civil population and especially against ethnic groups and other minorities that the nazi regime had pointed out. This growing climate of violence and terror gave birth to continuous contradictory news about different battles, until the news arrived of the invasion of the Allied forces in 1943, which shifted the war front, closing Italy in a grip. It was the prelude to ulterior internal devastations, beginning with the Great Council of July 25th, 1943 which decreed the fall of Mussolini, which caused increased fear and uncertainty which lasted just more than a month.

The armistice of September 8th pushed Italy towards an even greater tragedy, marked by the

1938: promulgazione delle leggi razziali.
1938: promulgation of the Racial Laws.

EDIZIONE DEL MATTINO

ABBONAMENTI

ITALIA IMPERO E COLONIE — ESTERO

Anno Sem. Trim.	Anno Sem. Trim.
Nei nostri uffici di abbonamento L. 75 — 38 — 20 —	L. 175 — 88 — 45 —
Con l'est. L. 85 — 44 — 23 —	L. 210 — 105 — 58 —
Un numero cent. 30	Arretrato cent. 40

IL MESSAGGERO, ROMA

Anno 60°. N. 268

Il Messaggero

Venerdì 11 Novembre 1938-XVII - S. Martino

EDIZIONE DEL MATTINO

PUBBLICITA

Spedizione in abbonamento postale

DELIBERAZIONI DEL CONSIGLIO DEI MINISTRI

Le leggi per la difesa della razza

IL GENETLIACO DEL RE IMPERATORE

Proibizione dei matrimoni misti - Trattamento giuridico degli ebrei in Italia - Limitazione di attività e di diritti - Enti che non possono avere ebrei alle proprie dipendenze - Divieto agli ebrei di avere domestici ariani - Coordinamento delle norme scolastiche

La più recente fotografia del Sovrano
(Foto conc. Manlio Villoresi - Riprod. vietata)

S. M. Vittorio Emanuele III entra oggi nel settantesimo anno del suo regno. Giorno solenne per la grande famiglia italiana: essa lo celebra col sentimento di devozione verso il Sovrano che è il glorioso simbolo vivente della potenza e della grandezza della Patria. Lo celebra col sentimento stesso della fatidica data della Vittoria i popoli delle province del Carso, i legionari d'Etiopia e di Spagna, hanno attestato al Re Imperatore che fu il primo dei combattenti e che oltre alle decisioni seppe interpretare fedelmente lo spirito nazionale, seppe virilmente osare alludendo all'ardimento del suo destino. Egli uno ha mai voluto la via della rinunzia, dell'inazione; non ha mai deluso l'attesa del suo popolo prode. La storia lo ha consacrato all'immortalità con l'attributo di Vittoriano; ed è la questa somma gloria che gli italiani di Mussolini raccolgono i più fausti auspici per l'avvenire dell'Italia imperiale esprimendo al Sovrano il loro fervido animo beneaugurante.

Necessaria difesa

Le deliberazioni del Consiglio dei Ministri sulla difesa della razza sono la traduzione deliberata dei principi fascisti di recente del Gran Consiglio in ordine importante materia.

Tali principi, come già ripetutamente dimostrato, tendono, per quanto in particolare si riferisce al plebi, ad una totale segregazione, ad una difesa, oltre che fisica, morale, della nostra razza e delle sue degradazioni...

[testo delle colonne in gran parte illeggibile]

Il rapporto del Duce ai Capi delle provincie

Gli auguri al Sovrano dell'Accademia d'Italia

A Palazzo Viminale

Il Consiglio dei Ministri è tornato a riunirsi ieri mattina alle ore 10 a Palazzo Viminale, sotto la presidenza del Duce, proseguendo i suoi lavori e con l'intervento del Sottosegretario di Stato al Ministero dell'Interno, Segretario il Sottosegretario di Stato alla Presidenza del Consiglio...

CAPO I

Provvedimenti relativi ai matrimoni

Art. 1. - Il matrimonio del cittadino italiano di razza ariana con persona appartenente ad altra razza è proibito.

Il matrimonio celebrato in contrasto con tale divieto è nullo.

Art. 2. - Fermo il divieto di cui all'art. 1, il matrimonio del cittadino italiano con persona di nazionalità straniera è subordinato al preventivo consenso del Ministro dell'Interno...

[articoli seguenti in gran parte illeggibili]

CAPO II

Degli appartenenti alla razza ebraica

Art. 8. - Agli effetti di legge:

a) è di razza ebraica colui che è nato da genitori entrambi di razza ebraica...

[testo illeggibile]

IL "FOGLIO DI DISPOSIZIONI"

Il Duce ha iniziato
con il volo a Pescara
le visite senza preavviso

Il Foglio di disposizioni n. 1184 del Segretario del Partito reca:

Con il volo a Pescara il Duce ha iniziato le visite senza preavviso, che effettuerà nel corso dell'anno, oltre quelle ufficiali che stabilirà di volta in volta...

I provvedimenti per la Scuola

Il Consiglio dei Ministri ha approvato, su proposta del Ministro dell'Educazione Nazionale, un decreto-legge per la salvaguardia del carattere nazionale della scuola italiana e per la tutela della razza nella scuola fascista...

CAPO III

Disposizioni transitorie e finali

[testo delle colonne finali in gran parte illeggibile]

di libertà, vedevano per alcuni un nuovo esodo. Si separavano le famiglie: andavano verso
gli Stati Uniti, il Brasile e l'Argentina. Alcuni
più vicini all'idea sionista di Herzl, anche in Palestina dove li attendevano regioni e condizioni di vita da pioniere ed un rapporto con il pro-
tettorato britannico con il quale avrebbero dovuto confrontarsi, anche duramente.

Il mondo intorno andava verso un nuovo
sconvolgimento. Il 1939 aveva visto l'inizio di
un nuovo conflitto mondiale, provocato da
quella stessa mente, dalla stessa volontà che aveva imposto prima in Germania e poi in Italia,
una falsa e pretesa superiorità di qualcuno su
qualcun altro. L'Italia entrava in guerra nel
1940, ma la discriminazione antiebraica in atto consentì, per qualche tempo, alle persone e
alle famiglie una situazione particolare. L'e-
sclusione dai pubblici uffici, dalle professioni
e dalle scuole riguardava anche l'esercito. Gli
ebrei non andavano in guerra perché l'esercito italiano non li voleva.

Cominciava un periodo diverso, di difficoltà
e di ristrettezze, nella speranza, che rimaneva
spesso nonostante tutto sempre viva, che la
guerra finisse presto. Ma era una guerra lunga, complessa, per i rapporti internazionali e
la tragedia enorme e rinnovata che invadeva
l'Europa. Trapelavano notizie incerte sulle
atrocità tedesche, che si diceva si consumasse-
ro contro le popolazioni civili e soprattutto contro i gruppi, le etnie e tutte le diversità che il
regime hitleriano aveva già da tempo messo al-
l'indice. Da questo clima crescente di violenza
e terrore scaturiva l'alternarsi di notizie di battaglie fino agli episodi degli sbarchi alleati del
1943, che spostavano il fronte di guerra chiudendo l'Italia in una morsa. Era il preludio a
ulteriori sconvolgimenti interni, iniziati con il
Gran Consiglio del 25 luglio 1943 che decre-
tava la caduta di Mussolini, dando avvio a poco più di un mese di paura e di incertezza.

L'armistizio dell'8 Settembre spingeva l'Italia verso una tragedia ancora più grande, segnata dall'occupazione tedesca che si allarga-
va a macchia d'olio fino a Roma e al sud del
Lazio. La persecuzione antiebraica di matrice
hitleriana raggiungeva così anche gli ebrei di
Roma. Le SS del colonnello Kappler portavano dal comando di Via Tasso gli stessi ordini,
la stessa violenza, lo stesso meccanismo della
deportazione e dell'Olocausto ebraico in corso nel nord Europa, nelle vie di Roma fino alle strade dell'antico quartiere ebraico.

Molti ebrei si erano riavvicinati, per soffe-

German occupation that spread all over the
country down to Rome and to the southern part
of the Lazio region. In this way, the persecution reached the Jews of Rome. The SS, under
the command of Colonel Kappler, with head-
quarters in Via Tasso, brought the same violence, the mechanism of deportation and the
Holocaust which was already taking place in
northern Europe to the streets of Rome and to
its ancient Jewish neighbourhood.

Due to their suffering and needs, many Jews
approached the ghetto neighbourhood again.
And the people who still lived in the area experienced the continuous political messages, the
oppression and the first signs of abuse with
growing anguish. Not everyone believed that
one imposition would exclude another, as when
the Nazis requested 50 kilos of gold. This was
supposed to save the Jews from other forms of
violence, but this time some people just shook
their heads. Everything kept getting worse, including the increasingly persistent news of mass
homicides perpetrated by the Nazis.

Via della Reginella, had continued to be the
heart of the ancient neighbourhood, once again
wounded. It was considered the main street,
where people met and exchanged information.

Looking out of his window, a Jewish man
living in this street, could hear low voices
speaking, the voices of people who tried to understand, who hoped or who didn't believe that
collecting gold would help. Sometimes he would
remain at his window for hours, lacking the en-
ergy either to go outside or to stay home, seized
by a feeling of uncontrolled terror due to the
surrounding tragedy. Thinking about the future,
which was not reassuring, he was left with more
doubts and questions than answers. He could
hear the echo of fear and fatigue from the Jewish Community office in the Lungotevere Cenci. That's how he understood that every effort
had been made and that with the contribution
of many non-Jews, the goal had been reached:
the right amount of gold had been delivered to
the Nazis.

But the exchange of information continued
and were mostly about German actions against
the Community. They had invaded the community centre and rummaged through it from
top to bottom. They had carried away archives
and books, old sacred texts from the Cinque
Scòle building, which were the wealth of the
tradition and culture of the Roman Jews. In the
Synagogue, on the entrance door of the wom-
en's gallery in the Tempio Spagnolo, the Nazis

renza e necessità, al quartiere e la gente che ancora lo abitava viveva i continui messaggi, i primi segnali di una politica di angherie e di sopraffazione, con angoscia sempre crescente. Non tutti rimanevano tranquilli, pensando che un'angheria ne avrebbe esclusa un'altra, di fronte alla richiesta dei 50 chili d'oro. Questo doveva salvare gli ebrei da altre forme di violenza, ma qualcuno questa volta scuoteva la testa. Ogni cosa era andata peggiorando, comprese le notizie sempre più insistenti su omicidi di massa perpetrati dai nazisti.

Via della Reginella era rimasta il cuore del quartiere antico che veniva ferito nuovamente. Era considerata la strada principale, quella dove si intrecciavano più fitti gli scambi fra le persone e le informazioni. Dalla via arrivavano all'ebreo affacciato alla finestra le voci basse di chi voleva capire, di chi sperava, di chi non credeva che la raccolta dell'oro sarebbe bastata. Gli capitava di rimanere affacciato per ore, senza la forza di uscire né quella di rimanere in casa, perché di nuovo lo assaliva un terrore incontrollato, fondato sulla tragedia che si consumava intorno. E la mente correva su scenari futuri, per niente rassicuranti, che lasciavano più dubbi e domande di quanti ne risolvessero. Lì gli arrivavano gli echi della paura e della fatica che si viveva a Lungotevere Cenci nella sede della Comunità Ebraica. Aveva saputo così che ogni sforzo era stato fatto e che alla fine, anche con il contributo di numerosi non ebrei, l'obiettivo era stato raggiunto: la quantità d'oro richiesta era stata consegnata ai tedeschi.

Ma le notizie continuavano a correre e giravano intorno ancora ad azioni dei tedeschi contro la Comunità. L'avevano invasa, rovistandola da cima a fondo. Avevano portato via archivi e libri, i vecchi testi sacri venuti dalle Cinque Scole che rappresentavano la ricchezza di tradizione e di cultura degli ebrei romani. Era rimasto sulla porta di ingresso del matroneo del Tempio Spagnolo, nell'interrato della Sinagoga, il segno della violenza: un colpo di baionetta inferto durante la perquisizione.

Dalla finestra si vedevano passaggi più rari sulla strada e si sentivano scambi di maggiore preoccupazione. Non sembrava fosse finito l'impeto antiebraico e ognuno si domandava cos'altro sarebbe potuto ancora accadere. Nei giorni successivi, lontano dalla finestra, aveva provato a pensare ad altro, ma ogni volta che ci provava aveva la sensazione che altri fantasmi minacciassero quelle vie e le famiglie im-

left their mark during one of the searches: the brutal sign of a bayonet.

The man from the window saw less and less people passing in the street, and people exchanged more and more worrisome news. It didn't seem as if the anti-Semitic impetus was over and everyone was asking just what else could happen. In the following days the man moved away from his window and tried to think about other things. But every time he did, he got the feeling that other phantoms threatened those streets and the frightened families who continued to drag on, day after day. At night, stretched out on the bed, he was no longer able to benefit from the silence and to rest. He felt his body go stiff and the thoughts that tortured him made him one, as if in a dream, with the worst that had happened to his ancestors in that piece of world looking over the Tiber river.

From time to time, he fell asleep overcome by the fatigue and tension of those days. At times, he dreamed of moments in history that remained hanging in a sudden re-awakening, and that were all of a negative kind. He imagined the relations with the Popes during the ghetto period. And he surprised himself thinking about the kind of serenity some of his ancestors might have felt, just passing through the gates of the enclosure at dawn, to work in the city or in the surrounding areas. This was the only way for him of achieving a feeling, if not of total freedom at least of movement, to be able to come back home, even if it was a poor home, in the evenings knowing that he could embrace his family again, just wishing for another day like the one just passed. It was a cruel game of destiny: a sleepless Jew of the 20th century who imagined his ancestors forced in the ghetto, passing better days than those he was forced to live.

Even when he was able to fall asleep, the quiet whispering at dawn was enough to wake him up. As the intense murmuring gradually increased, his eyes went back to staring at the ceiling, while he tried to catch up with the thread of his thoughts. He went back to the window, looked out and after a while he tried to rest again.

He went outside, for a short time in the afternoon of October 15th, and despite the difficulty of those days, he saw men, women and children lovingly prepare for the Sabbath on that Friday evening, as always. He went home just like his neighbours, to honour the arrival of the Sabbath at sundown. Only much later

paurite che tiravano avanti un giorno dopo l'altro. La notte, disteso nel letto, non sentiva più il benefico effetto del silenzio e del riposo. Sentiva il corpo teso, e le idee che lo agitavano riunirlo in un attimo e come in sogno a tutto quello di peggiore che era successo in passato a chi lo aveva preceduto in quello spicchio di mondo affacciato sul Tevere.

A tratti si addormentava, vinto dalla stanchezza e dalla tensione dei giorni precedenti. Gli capitava di sognare frammenti di storia che rimanevano sospesi dal risveglio improvviso, storie diverse, ma riunite da un comune segno negativo. Pensava al rapporto con i Papi ai tempi del ghetto e si sorprendeva ragionando su quale poteva essere stata la serenità di qualche suo antenato nel solo poter uscire all'alba dai cancelli per andare a fare il suo lavoro nella città e nei dintorni. Solo questo gli dava una sensazione se non di libertà, di movimento, di poter tornare la sera in un domicilio pur coatto, ma sapendo di poter riabbracciare la famiglia, sperando in un altro giorno come quello. Era un gioco crudele del destino: un ebreo insonne del XX secolo immaginava i suoi antenati costretti nel ghetto e le loro giornate più fortunate di quelle che ora gli toccava vivere.

Anche quando riusciva ad addormentarsi bastava a svegliarlo il vociare sommesso dell'alba. Saliva piano un bisbiglìo intenso, mentre gli occhi riprendevano a fissare il soffitto e la testa a correre dietro al filo dei ragionamenti. Tornava ad affacciarsi e dopo un po' provava a coricarsi di nuovo.

Era uscito per poco tempo il pomeriggio del 15 ottobre, e nonostante la difficoltà di quei giorni, aveva visto uomini, donne e bambini preparare per la sera di quel venerdì lo Shabbat con la cura e l'amore di sempre. Era tornato a casa e come gli altri aveva atteso la sera per onorare intorno alla tavola il Sabato che arrivava. Solo molto tardi aveva provato a dormire, e il sonno era arrivato, come le altre notti, alterno ed agitato. Gli era sembrato di sentir battere nella notte, con un ritmo diverso dai rumori e dai richiami familiari. Aveva provato a dormire ancora, visto che era ancora buio. Poi era arrivata la prima luce dell'alba e i rumori erano diventati passi sul selciato, ritmi costanti sempre più intensi. La luce rimaneva pochissima nell'aria piovigginosa e lo sbattere di tacchi veniva seguito da parole. Erano ordini, questa volta in tedesco, rumori di camion, sbattere di portoni. Cominciavano le corse delle persone per le scale, il pianto dei bambini, qualche isolato

he tried to fall asleep and he did, though quite restlessly, as during the other troubled nights. But that night, he felt a different rhythm in the air. He tried to sleep again, since it was still dark. When the first light of dawn came, the vague sounds had clearly turned into sounds of steps on pavement, moving at a constant and ever more intense pace. The light was still very dim and the air damp with drizzling rain and the stomping heels were soon followed by sharp words. They were orders, this time in German, accompanied by sounds of trucks and the slamming of doors. People started racing towards stairways, children were crying and some made isolated attempts to flee.

The Jewish neighbourhood, that of the ghetto, of freedom and emancipation, and of the new separation created by the Racial Laws had been closed off from the rest of the city. There was no way to escape or to be rescued. The Nazis had surrounded and betrayed the Jewish neighbourhood

It was on a Saturday morning, on October 16th 1943. That the most serious and atrocious violence, the most terrible that the Roman Jews had ever experienced in two thousand years of history, began.

The trembling Jewish man with the sleepless nights of indistinct terror now found himself at the entrance of his house, reading his name on a list held in the hands of a young SS officer. Along with his family, his elderly relatives who couldn't walk, holding the hand of one of his children and with his wife carrying a baby in her arms, he had to follow this officer He didn't know where he was going, but he was sure it was the end. He stared straight ahead without seeing anything, leaving the walls, the Synagogue, his history and memories and the ever so familiar paved streets behind him. He was in a large street, with his whole family, getting mechanically on a truck and couldn't remember the name of that street anymore.

He did manage to notice that all around, the neighbourhood was being turned upside down and emptied, the houses were being abandoned. He didn't know where he was bound for. In his mind, he had only one thought, which was the result of all his thoughts and fears during those many sleepless nights.

Il dramma delle Fosse Ardeatine: una ferita della città mai rimarginata.
The drama of the Fosse Ardeatine: a wound in Rome which has never healed.

IL GIORNALE DEL MATTINO

QUOTIDIANO DI INFORMAZIONI

Anno I - Numero 58 — Roma - Sabato 24 marzo 1945

DIREZIONE E REDAZIONE: Via del Tritone n. 152 - Telefoni del centralino: 44141, 44142, 45045, 45098, 43337 - Un numero Lire 3 - Copia arretrata Lire 6

PUBBLICITÀ: concessionaria esclusiva SOCIETÀ INTERNAZIONALE PUBBLICITÀ - S.I.P. - UFFICI: Largo Tritone 155, Palazzo de Il Messaggero - Telefono 4678 - TARIFFA DELLE INSERZIONI: commerciali, cronaca, comunicati, finanziari L. 70, cinematografici, necrologie L. 50 (per mm. di altezza, larghezza una colonna) - PICCOLA PUBBLICITÀ vedasi rispettivo rubriche (oltre tassa governativa e imposta sull'entrata)

ABBONAMENTI: Un anno L. 720 - Un semestre L. 380 - Un trimestre L. 200 - Spedizione in abbonamento postale

24 MARZO 1944: LUCE DEL SECONDO RISORGIMENTO

I Martiri delle Fosse Ardeatine impegnano l'Italia alla lotta liberatrice

I MORTI COMANDANO

Quando, ora è un anno, la notizia dell'eccidio si diffuse in Roma e volò funesta per le vie dell'etere, a commuovere il mondo, alla pietà per i Caduti si unì un sentimento più forte, come una rivolta dello spirito, come una sete di giustizia, quasi un patto per il futuro. Potremmo dire che il 24 marzo 1944 tracciò il solco definitivo tra italiani e tedeschi, tra italiani e fascisti. Ogni giustificazione dialettica, ogni incertezza, ogni possibile legame (poichè anche le colpe sono legami) furono troncati. Non ci fu più il posto per i dubbiosi e per gli indifferenti; di qua erano gli italiani, di là i tedeschi e i fascisti. Un cupo lago di sangue li divideva per sempre, una fossa invalicabile, la macabra fossa ardeatina.

Molte parole saranno oggi dette, e con accento di sincerità e di commozione, su quelle vite umane vendemmiate dalla ferocia nazista, su quei miseri corpi pigiati nel tufo, quasi mescolati alla terra perchè di essi scomparissero la umana parvenza ed il nome. Ma qui si vuole soffermare il nostro pensiero non sulla atroce responsabilità tedesca, ma sulla responsabilità che da quella tomba comune ha gravato su noi per un anno e grava tuttora. Trecentosessantacinque giorni sono passati da quel Marzo d'orrore, ed ogni giorno ha avuto il nome di uno di quei martiri. Dalla fossa ardeatina ci giungeva non voce di vendetta, poichè i martiri sono al di là della vendetta, ma di ferma giustizia. Come abbiamo attuato questa giustizia, in un anno?

Non potremmo rispondere con animo tranquillo a questa domanda. Il cammino è stato aspro, tormentoso, ma forse il nostro spirito è stato inadeguato al compito. La purificazione del paese, la punizione dei responsabili e dei traditori, la confisca dei beni maltolti alla Nazione, sono state compiute tra dubbi, incertezze, insufficienze. Spesso la promessa unità degli antifascisti è stata incrinata da dissidi interni a tutto vantaggio del nemico che si cela subdolo e si maschera abilmente. I risultati di tali incertezze li abbiamo constatati recentemente assistendo al rigurgito della teppaglia nera. Un anno, un anno solo è bastato perchè i traditori, gli stessi che collaborarono con i carnefici tedeschi respirassero l'aria a testa alta e si sentissero così forti da aiutarsi scambievolmente a scampar la pena e da riallacciare i legami che parevano, a noi e ad essi, rotti per sempre.

L'animo di ogni italiano veramente libero si ribella a questa infamia. E per questo un mondo intero ha impugnato le armi ed ha lottato per sei anni contro la trionfante tirannide? Per questo patrioti di tutte le patrie hanno affrontato la tortura e il martirio nel nome della libertà? Per questo migliaia e migliaia di italiani hanno piegato le ginocchia sotto il piombo dei carnefici? Per questo scesero nel sepolcro della via Ardeatina le 350 vittime romane?

Noi non dimentichiamo, non possiamo dimenticare che la guerra non è finita, che il fascista e il tedesco appendono le vive carni dei nostri fratelli ai ganci dei mattatoi, alle forche, ai lampioni. Non possiamo dimenticare che la guerra è una, ed è militare e di riscatto civile, guerra contro l'impero della crudeltà e del terrore. Noi abbiamo il dovere di unire tutte le nostre forze per questa guerra di riscossa civile e guerra militare che è in atto, abbiamo il dovere di stroncare chi sabota il nostro sforzo di guerra. Il Governo democratico, che rappresenta la volontà del paese, deve trovar l'energia di reprimere le forze sovvertitrici antiliberali e di stroncare le manovre ostruzionistiche della reazione. Sono i caduti della guerra di rinnovamento civico, sono gli eroi della guerra militare di liberazione che esigono l'unità della Patria per il suo secondo Risorgimento, sono le vittime delle Fosse Ardeatine che richiedono l'epurazione della Patria dalle scorie di un passato che, essi credettero, il loro sangue sarebbe bastato a lavare.

Siamo ancora in tempo ad ascoltare la voce dei Morti, non placata dalle bare di legno, dai discorsi e dai pellegrinaggi: stringiamoci insieme per condurre a fondo le due battaglie, quella militare e quella della ricostruzione. La battaglia militare va combattuta al di là del fronte, sul fronte e dietro il fronte, contro i fascisti agenti del nemico e contro i nemici armati. La battaglia della ricostruzione va combattuta nelle città distrutte, nelle campagne, nelle nostre case, nel nostro lavoro civile, ed anche nell'animo nostro. Poichè la patria ha bisogno di sanare le sue profonde ferite; e la Patria siamo tutti noi.

I Martiri delle Ardeatine rievocati in America

NEW YORK, 23 — Il primo anniversario del massacro delle Fosse Ardeatine è stato oggi celebrato in America suscitando profonda e commossa risonanza.

Enrico Pavia, ferito e decorato della grande guerra, su incarico di tre organizzazioni italo-americane, ha tenuto a loro nome un discorso commemorativo. L'oratore dopo avere ricordato i numerosi martiri del Risorgimento italiano, e avere osservato come sembri destino dell'Italia d'essere irrorata, quasi di decennio in decennio, dal sangue dei suoi figli, ha detto che solo per questa via potranno germogliare le messi della libertà.

Egli ha esaltato quindi l'eroismo oscuro dei patrioti, la lotta silenziosa nelle officine e nei campi, la guerra combattuta dai fanti, dai marinai e dalle nostre truppe ausiliarie a fianco degli alleati e ha soggiunto che tutti gli italiani chiedono di veder ritornare presto l'Italia nella famiglia delle Nazioni democratiche.

Un discorso commemorativo è stato tenuto anche da Karnet Hand magistrato federale degli Stati Uniti. Rivolgendo il suo pensiero ai parenti dei martiri delle Ardeatine, l'oratore ha affermato che il popolo americano sente come essi tutti abbiano servito la causa per cui sono morti, forse in misura più grande di coloro che cadono in battaglia. Egli ha soggiunto che il ricordo del loro sacrificio resterà a indicare come la ricerca inconsiderata del potere e del dominio finisce sempre per volgersi interamente a danno di chi la persegue. Karnet Hand ha concluso dicendo che i martiri delle Fosse Ardeatine sono morti per quell'Italia cui il mondo deve tanta parte della sua civiltà.

Un ex deputato siciliano al parlamento prefascista, noto autore e conferenziere, Vincenzo Vacirca, in un discorso commemorativo ha affermato che, pur avendo ogni villaggio ed ogni città italiana i suoi martiri e le sue rovine, la tragedia delle Cave Ardeatine tutti li riassume e li supera per la vastità del massacro e l'incredibile crudeltà dei mezzi usati. Egli ha soggiunto che la lotta eroica dei patrioti del nord, che combattono oggi quasi inermi, è una testimonianza che quel martirio non è stato vano. L'oratore ha chiuso auspicando che possa la fine di questa guerra vedere un'Italia veramente mutata e redenta, degna di assidersi accanto alle altre Nazioni del mondo.

Scontri di pattuglie sul fronte italiano

FRONTE ITALIANO, 23 (Reuter) — Pattuglie nemiche che avevano attraversato il Senio a nord di Faenza, sono state ricacciate nella giornata di giovedì. Pattuglie della V Armata hanno incontrato forte resistenza tedesca nel corso di puntate intese a saggiare le linee nemiche. Una pattuglia nemica composta di 25 uomini è stata ricacciata nei pressi di Sant'Ansano. Nella valle del Serchio è stata respinta un'altra pattuglia forte di una ventina di tedeschi.

Smentita vaticana alle notizie sulla sorte degli ebrei italiani deportati

Il Servizio Stampa Vaticano comunica che, contrariamente a quanto è stato pubblicato da alcuni giornali, la Santa Sede non ha fatto alcuna comunicazione sulla sorte degli israeliti italiani deportati perchè nulla le risulta in proposito.

Disegno originale di RENATO GUTTUSO

"CINQUE PER CINQUE: UCCIDETE CON ORDINE"

Dopo un lunghissimo e squallido inverno, Roma si svegliava nel sole di marzo. La città era stanca e pressochè disperata. Rari uomini si avventuravano per le strade, svelando i lividi sotto gli occhi: le lunghe e tormentose ore di insonnia, il cuore in gola a ogni passaggio di ronda notturna, la precarietà di una vita che ormai pareva nelle mani di chi la volesse.

Frattanto, nei grandi *hôtels* di via Veneto, i tedeschi bivaccavano al solito modo. Era passato l'inverno e gli invasori non cessavano di infierire, di mietere vittime, di «giustiziare». Le ordinanze si rinnovavano senza tregua. La città era sotto il terrore. Per più di un milione di uomini la morte stessa era divenuta una compagna confidenziale, un consueto fantasma dietro le spalle. Essi camminavano cautamente. Di notte — nei rari sonni pieni di sudori e di incubi — l'uomo della strada aveva lunghi dialoghi con una bendata e non pietosa divinità. «Come può finire domani? Andrà bene? Andrà male?» le domandava.

23 Marzo: ore 15,30

Dopo i fatti del 10 marzo, la vita era diventata davvero difficile. Quel giorno una colonna fascista che sfilava, inneggiando per via Tomacelli era stata dispersa a colpi di bombe da alcuni elementi della «resistenza». I giornali avevano gridato all'oltraggio. Grossissime taglie erano state poste sugli «ignoti e vili» aggressori. Come al solito, il coprifuoco era stato allungato. Ma la gente taceva, aspettando l'ora della riscossa.

Poi venne il 23 marzo. La giornata era bella e folgorata dal sole. Le pattuglie SS procedevano a passo regolamentare sulle vie semideserte del centro: le «guardie nere», dritte e scheletriche come il simbolo stesso della sfortuna. La notizia giunse nel pomeriggio in periferia con il fragore di un'esplosione: si dilatò, si disperse per i quartieri di cinta, da Trastevere al Tiburtino, da Val Melaina a S. Lorenzo. «Un reparto di 160 soldati della «Feldgendarmerie», che attraversava in assetto di guerra il centro di Roma, era stato attaccato con un ordegno e con bombe a mano su via Rasella, all'imbocco di via del Boccaccio con via dei Giardini. Trenta tedeschi morti sul posto, molti altri feriti. L'azione era stata compiuta da un «gappista» travestito da spazzino, che aveva trasportato l'ordegno in una cassetta della Nettezza e che poi l'aveva fatto brillare, mentre altri tre e una donna lanciavano bombe sulla coda della colonna».

Il resto si è saputo più tardi ed è ormai materia di storia.

Subito dopo l'assalto i tedeschi superstiti inferiano come ossessi per via Rasella: sparano contro le finestre e contro i passanti a distanza, massacrano donne e bambini, catturano intere famiglie abitanti nelle vicinanze. Insieme ai rinforzi, arrivano Maeltzer, Kappler e Dollmann; fanno un sopraluogo, tengono un lungo consiglio in via Rasella e via Quattro Fontane. Sono già circa le 17. Mentre il sole volge al tramonto, sulla strada insanguinata campeggiano i morti tedeschi. Davanti ai cancelli di Palazzo Barberini sostano i rastrellati, un centinaio di creature atterrite, con le mani in alto, sotto la minaccia dei mitra pronti a sparare.

«Che accade?» si chiedono. «Non è colpa nostra! Perdono!». Un ragazzo di 15 anni piange angosciosamente. Era in casa di un compagno di scuola, studiava con lui. «Avvertite mio padre!» singhiozza. Ma i suoi lo hanno perso per sempre. In un primo momento Maeltzer e Kappler decidono di massacrare i «razziati» sulla stessa via dove ancora giacciono i soldati morti. Il sangue dovrà essere riscattato col sangue. E' l'antica legge degli Unni. Poi prevale il progetto che verrà attuato il giorno seguente. Il povero gruppo di via Rasella viene spinto verso il Viminale, le donne stanche che restano in coda, percosse col calcio del mitra. Alle 18 una scarica di pistole parte da una casa d'angolo con via Quattro Fontane e 40 tra i prigionieri fuggono nel trambusto.

La stessa sera, dal Monte Soratte, Kesselring trasmette gli ordini ai suoi subalterni: 350 fucilazioni pareggeranno la perdita di 35 soldati tedeschi. Non dunque: «occhio per occhio, dente per dente!» Ma: «dieci occhi per un dente e più denti per uno!». Guai agli inermi. Guai a chi è costretto a sopportare la legge dei barbari.

La cronaca delle liste, delle aggiunte fatte da Caruso e Buffarini Guidi, della complicità dei servi repubblicani, è ormai cosa nota e brucia ancora la nostra coscienza di cittadini.

I preparativi dello sterminio

Certo, la notte dal 23 al 24 fu interminabile e orrenda per gli innocenti di via Rasella. La strage non era solo premeditata, ma già organizzata nei più minuti particolari. A tarda sera, un reparto di zappatori germanici percorre la Via Appia e, raggiunte le Fosse Ardeatine, compie strane operazioni dentro i sepolcri. Un giovanetto e la sorellina, che posseggono la casupola e un orto in vicinanza del luogo, sono invitati ad abbandonare prima dell'alba la casa «per esigenze di guerra». Gli zappatori costituiscono nel frattempo un impianto interno di riflettori, che poi servirà ad abbacinare i condannati, come si fa nella caccia agli uccelli. Tutto è previsto «con intelligenza e con tecnica» dagli inumani carnefici d'Europa. E Roma, terrorizzata, non dorme. La voce è corsa per tutte le case. Le famiglie dei detenuti politici, dei giovani razziati a migliaia in precedenza, le spose ed i figli dei prigionieri delle tante trappole tese dagli occupenti, vivono col cuore sospeso. «Lo ammazzeranno?» pensano. «Perchè oggi è così ovvio morire?».

Vivere è infatti assai più difficile che morire, quando gli Unni imperano sulla contrada. Oggi, in quella notte di primavera, un anno addietro — in questa stessa città che oggi si conquista con sacrificio la pace — essi organizzavano la loro estrema vendetta. A Regina Coeli e a via Tasso si faceva l'appello dei capri espiatori. Gli uomini furono ingannati fino alla fine. Si disse loro: «Vi portiamo alle fosse per costruire ricoveri ai profughi di Cassino». E gli SS, così dicendo, sorridevano forse enigmaticamente, coi loro occhi vitrei, chiusi in eterno nella cecità del cuore.

E' il 24 marzo. Le prime indecise luci valicano le montagne e raggiungono il cuore della città. Due autoambulanze e un grande carro del mattatoio escono dai quartieri del centro e imboccano l'Appia, preceduti e seguiti da motociclisti coi mitra a tracolla. Sul carro del mattatoio gli uomini sono stipati come i giovenchi che un giorno prima furono preda dei macellai: una sorte uguale li unisce. La via è deserta. Un oste apre in quell'attimo la bottega, e, avvistando il convoglio, lo guarda curioso. La ragazza ed il giovanetto, sfrattati la notte avanti da S. Callisto, procedono lenti verso la città e possono seguire la scena che più tardi racconteranno. L'oste è vecchio, sulla sessantina. Quando la prima autoambulanza si ferma e ne discende un ufficiale tedesco, egli non può capire quel che succede. Ma poi — allorchè l'ufficiale si dirige verso di lui, e lo afferra, e lo conduce di forza fino all'automezzo, allorchè egli ode il mormorio dall'interno del carro — è colto da un'idea folgorante. Ecco: «lo vogliono portar via, lo vogliono uccidere».

«Io non ho fatto nulla!» geme il vecchio. «Cosa volete?», e si inginocchia umilmente, chiede pietà. Ma l'ufficiale lo spinge dentro, inchiavarda i battenti. Il giovanetto, che si era nascosto dentro un mucchio di spazzature ai margini della strada, ode il lungo, estenuato singhiozzo senile che poi si perde nel fragore delle macchine in marcia.

"Cinque per cinque,,

Le catacombe di S. Callisto sono bloccate. Già durante la notte il traditore Mauro e i più zelanti ufficiali nazisti, si erano divertiti a stendere a terra con un sol colpo di mitra le prime vittime giunte da Regina Coeli. Ma ora è arrivato il grosso. Gli uomini discendono dagli autocarri. Il pianoro antistante alle fosse è netto come una piazza, il sole illumina obliquamente le facce già cadaveriche che rispondono all'ultimo appello. Due carri armati, a motore acceso, strepitano davanti alla cavità. Ma gli uomini non capiscono il giuoco, non immaginano il trucco. Cinque per cinque, ordinatamente, essi si muovono ad un richiamo, imboccano il loro sepolcro, avanzano cauti, tenendosi forse l'un l'altro, come bambini. Forse hanno anche paura. Forse non pensano al peggio. Poi, all'improvviso, un duro schianto li agghiaccia, li fa cadere in ginocchio. E così restano: con una grande luce, con una grande meraviglia nel cavo degli occhi.

Cinque per cinque, ordinatamente... La legge degli Unni manovra i destini dell'uomo. E l'uomo esegue la legge, raggiunge coi propri piedi la propria tomba.

Pochi di loro morirono subito; è documentato: tante testimonianze lo dicono. Essi furono impeciati vivi come bestiole. Una lenta devastazione li consumò adagio adagio, ancor vivi. Qualcuno, già ferito, si sollevò, fece forse qualche passo nel buio fitto, brancicò con le unghie vischiose le pareti di tufo. Sono state scoperte impronte di mani, di passi, di indicibili disperazioni.

Per tutto il giorno fino a quando cadde la notte: *Cinque per cinque, ordinatamente...*

E oggi, a distanza di un anno, pensiamo a loro con tenerezza, con odio e amore: prima o dopo, dovunque e comunque, abbiamo il dovere di vendicarli.

Alfredo Orecchio

I TEDESCHI IN ROTTA NELL'ALTA SLESIA

MOSCA, 23 — Le truppe del Primo Fronte Ucraino, avanzando nell'altopiano boemo a nord-est e ad est di Praga su un fronte di 120 chilometri, minacciano ora le cinque grandi città di Neisse, Frankenst, Ubechutz, Ziegenhals e Ratibor. Con questa nuova offensiva i sovietici si sono assicurati il controllo delle arterie stradali dei Sudeti, che fanno capo all'importante centro di Moravska Ostrava. L'annuncio di questo successo è stato dato oggi nella capitale sovietica.

La vittoria di Oppeln, che ha reso possibile al Maresciallo Koniev il controllo delle strade della Boemia, è stata conseguita dalle stesse truppe del Primo Fronte Ucraino, che poco più di due mesi fa iniziarono materialmente la grande offensiva invernale attaccando nella testa di ponte di Sandomir.

Gli ultimi dispacci informano che stamane le forze sovietiche erano già al di là del Glatzer e del Neisse, a sud-ovest di Oppeln, capitale dell'Alta Slesia. Esse continuano a incalzare senza soste i resti di circa cinquantamila soldati, battuti nella battaglia da martedì a ieri in quel settore.

Sul medio Oder, lungo la testa di ponte compresa fra Stettino e Kuestrin, forze di Zhukov, dopo una poderosa preparazione di artiglieria, hanno attaccato ai fianchi il nemico.

La radio tedesca ha ammesso questa sera che le truppe sovietiche sono entrate a Golzov, 60 chilometri a nord-est di Berlino e 11 km. ad ovest di Kustrin.

Questa esplicita ammissione da parte nemica è la migliore conferma che la grande offensiva russa per la conquista della capitale del Reich si è già iniziata e che le truppe sovietiche hanno già ottenuto importanti successi.

La riforma della legge per le sanzioni contro il fascismo

La Commissione interministeriale, recentemente costituita per lo studio delle riforme da apportare alla legge sulle Sanzioni contro il fascismo, si è riunita ieri mattina al Viminale sotto la presidenza dell'on. Bonomi.

I componenti il comitato — Brosio, Scoccimarro, Tupini e Cevolotto — hanno trattato, in questa loro prima riunione, la riorganizzazione dell'Alto Commissariato per l'epurazione; la formulazione delle nuove norme per la punizione di ogni attività neofascista.

Il Reno attraversato dalla III Armata americana

Una solida testa di ponte stabilita al di là del fiume - Le ultime difese della Sigfrido sfondate dalla 7. Armata

(Nostro servizio particolare)

FRONTE OCCIDENTALE, 23 — Una nuova testa di ponte sulla riva orientale del Reno è stata saldamente stabilita dalle truppe della terza Armata. Le prime unità di assalto hanno iniziato il passaggio del fiume a bordo di speciali battelli alle ore 22 della notte scorsa, nella chiarità lunare di un cielo senza nubi. Giunti sulla riva opposta senza incontrare alcuna reazione da parte del nemico, i reparti d'assalto hanno rapidamente guadagnato gli obiettivi prestabiliti e poco dopo il grosso delle truppe ha cominciato a passare il fiume. L'operazione è perfettamente riuscita e la nuova testa di ponte è ora in saldo possesso delle truppe americane.

L'Agenzia D.N.B., successivamente, ha specificato che i veloci reparti corazzati americani hanno varcato il Reno ad Oppenheim, a sud di Magonza ed a nord di Ludwigshafen, ieri sera dopo il tramonto, creando così la seconda testa di ponte americana al di là del fiume. I tedeschi aggiungono che altri passaggi del Reno presso Worm sono stati impediti dalla loro artiglieria. Unica giustificazione del nuovo scacco è che «i preparativi alleati per il nuovo ciclo offensivo sono giganteschi» e che «gli alleati sono pronti a scattare anche altrove».

Altri reparti della III Armata hanno occupato Spira, capoluogo del Palatinato Renano.

Le truppe americane entrate a Spira hanno trovato tutti i ponti della città distrutti dai tedeschi prima della loro ritirata oltre il Reno. Il solo ponte che le truppe della III Armata hanno trovato ancora intatto in questa zona è il ponte ferroviario ad una sola arcata che scavalca il fiume nei pressi di Germersheim, 12 chilometri a sud di Spira.

Sul fronte della VII Armata la 36. Divisione di fanteria americana ha occupato Bernzagren, dopo un'aspra lotta, mentre altre avanguardie della stessa divisione, dopo aver sfondato le ultime difese della linea Sigfrido, hanno velocemente superato Sils ed hanno raggiunto i dintorni di Klingenmunster, 8 km. a sud-ovest di Landau.

All'estremità sud-ovest della sacca tedesca la 71. Divisione ha conquistato Erlenbrunn, Bundenthal, 12 km. a sud-est di Pirmasens, è stata occupata dopo una serie alterna di scontri sanguinosi, dalle truppe della 42. Divisione.

La situazione è rimasta immutata ad occidente e a nord della sacca, dove, secondo le notizie pervenute fino a questo momento, le truppe americane non avrebbero conseguito successi importanti nella giornata di oggi, pur continuando ad esercitare fortissima pressione sulle forze nemiche racchiuse nella sacca, le cui dimensioni sono state ulteriormente ridotte.

Nonostante la loro situazione disperata, le truppe tedesche continuano a difendersi con accanimento, disperatamente attaccate alle ultime case nella parte nord-est di Steinfeld e al villaggio di Bochelberg, nell'interno della foresta di Bienwack.

Nel saliente oltre Reno, tenuto dalle forze della 1ª Armata la situazione appare oggi brillantissima per gli uomini del Generale Hodges.

Il Comandante del 12.o Gruppo di Armate Generale Bradley ha dichiarato che l'ordine impartito dal Generale Eisenhower di distruggere tutte le forze tedesche che si trovavano sulla riva sinistra del Reno è stato portato a compimento più rapidamente di quanto fosse stato preveduto e con perdite relativamente lievi per gli alleati.

Migliaia di bombardieri sugli obbiettivi della Ruhr

LONDRA, 23 (Reuter). — Mosquitos della RAF hanno nuovamente per la 31ª notte consecutiva, bombardato Berlino. Intanto viene annunciato che altre 1250 «Fortezze Volanti» e «Liberators» scortati da più di 350 «Mustang» hanno attaccato oggi 11 obbiettivi ferroviari nella Ruhr e nelle zone vicine. Gli obbiettivi erano nelle città di Osnabrück, Rheine, Muenster e Coesfeld, a nord della Ruhr; Recklinghausen e Gladbach nella Ruhr; e Hengstey, Geiseke, Unna Dortmund, Holzwickede e Siegen ad est e a sud-est della Ruhr.

Le nuove bombe da 10 tonnellate sono state impiegate con successo su due importanti obbiettivi in territorio germanico: apparecchi «Lancaster» muniti di bombe di tale tipo e di altre ad alto potenziale, hanno attaccato un ponte ferroviario a Brema; inoltre la ricognizione ha accertato che l'arcata principale del ponte ferroviario di Nienburg, attaccato nel pomeriggio di ieri da apparecchi «Lancaster», del comando bombardieri della RAF, con le nuove bombe di 10 tonnellate, è crollata e gli accessi sono stati distrutti.

Il Comandante la "Garibaldi,, ricevuto dal Presidente Bonomi

Ieri mattina, al Viminale, il Presidente del Consiglio ha ricevuto il Comandante della Divisione «Garibaldi», tornata in Patria recentemente dal Montenegro. Abbiamo potuto avvicinare il Comandante l'eroica Divisione, il quale ci ha dichiarato, per prima cosa, che il più vivo desiderio suo e dei suoi uomini è di tornare al più presto in linea a fianco degli alleati per la liberazione d'Italia. La Divisione che raccoglie gli uomini di due reggimenti di fanteria, di un gruppo alpini e di un reggimento di artiglieria, prese il nome di «Garibaldi» nel dicembre del '43. Il Colonnello R. la comanda dal 1 luglio del '44, ma già fin dall'8 settembre del '43 aveva partecipato in qualità di comandante di brigata ai numerosi combattimenti in cui la «Garibaldi» si è trovata impegnata, facendo rifulgere ancora una volta l'eroismo italiano. La Divisione iniziò la lotta contro i tedeschi forte di 18 mila uomini; oggi è tornata in Patria con 8 mila. Ad eccezione di quelli, uomini rimpatriati recentemente perchè feriti o ammalati, gli altri mancanti sono morti, dispersi o prigionieri. Sono così seimila gli uomini che la gloriosa divisione ha perso nella lotta contro i nazisti. Cinque medaglie d'oro sono state concesse alla memoria di Caduti della Divisione; un'altra è stata concessa al Gruppo di artiglieria alpina, e di altre tre, da concedersi a viventi, è in corso la proposta.

Il Comandante la «Garibaldi» ci ha detto inoltre che la Divisione era in collegamento con l'esercito di Tito e che l'intendenza di questo esercito provvedeva in parte all'approvvigionamento della Divisione, la quale traeva la propria sussistenza anche dalle risorse locali e dagli aiuti della popolazione. Il giovane colonnello R., — una maschia figura di soldato ci ha parlato con commosso entusiasmo dei ragazzi della sua bella Divisione che ora si trovano a riposo in una località dell'Italia meridionale, in attesa di tornare al combattimento accanto ai fratelli che già valorosamente si battono per la liberazione del Paese dai nazifascisti.

La morte del Maresciallo Caviglia

Si apprende che a Final Marina, presso Savona, dove era nato, è morto ieri sera il Maresciallo Enrico Caviglia. Aveva 82 anni. Nella grande guerra il Maresciallo Caviglia ebbe — quale Comandante del XXIV Corpo d'Armata — parte decisiva nella battaglia della Bainsizza, e fu tra gli ideatori del piano per la battaglia di Vittorio Veneto cui partecipò quale comandante della VIII e X Armata. Era autore di numerose pubblicazioni di carattere militare.

Ronda di notte

"Voi avete vinto,,

Abbrancato al folle puntiglio di non cedere all'evidenza della realtà, Hitler va ancora farneticando di vittoria. Non indietreggia dinanzi alle terrificanti macerie di devastazione che sommerge il suo popolo e il suo paese, non si piega dinanzi alla ineluttabile fatalità della disfatta. Crollano ad una ad una le linee fortificate; cadono ad uno ad uno i centri difensivi; vengono sterminate le armate, distrutte le città, rasi al suolo le industrie, sconvolte le campagne; bandiere bianche e braccia levate annunciano gli eserciti alleati che si lasciano alle spalle interminabili colonne di prigionieri disfatti; e dalle provincie perdute le popolazioni fuggono verso l'interno cercando invano uno scampo all'avanzare della guerra e non trovando che altre distruzioni e altri lutti. Ma Hitler ed i suoi pretoriani seguitano con automatismo da maniacali a parlare di vittoria. Insensibili a tanto sfacelo, sordi a tanta disperazione, celebrano col nome di vittoria l'insano fanatismo della ragione ottenebrata che non cede, incrinano il cieco furore belluino del bruto che non si arrende. Esaltato da questo supremo oltraggio al limite della sopportazione e della dignità umana, Hitler si pasce dello spettacolo orrendo della morte che trasforma il Reich in un immenso cimitero e ordina ai suoi scherani di deporre su ogni tomba una corona con la scritta «Voi avete vinto». Milioni di corone per incoronare milioni di morti; è una trovata sinistra e macabra; ma è una trovata. In Germania, infatti, potranno credere di aver vinto soltanto i morti, coloro che non potranno più vedere, nè sapere, nè soffrire; i morti che non vedranno il loro Fuehrer giustiziato; i morti che non sapranno della Germania smembrata; i morti che non soffriranno per l'occupazione. Ed è forse per questo che Hitler sarebbe freneticamente sacrificare l'intero popolo: perchè nessuno, sopravvivendo, possa credere alla sua [illegible].

tentativo di fuga. Il quartiere ebraico, quello del ghetto, della libertà, dell'emancipazione, della nuova separazione di cui si era parlato dopo le Leggi Razziali, era circondato dai nazisti, chiuso alla città, negato a qualsiasi salvezza, tradito.

Era la mattina del 16 ottobre 1943, sabato. Iniziava la violenza più grave, la più atroce, la più inaudita che gli ebrei di Roma avessero mai vissuto nell'arco di duemila anni.

L'ebreo delle notti insonni, dell'attesa trepidante, del terrore indistinto, si trovava ora sulla porta di casa sua, a leggere il suo nome sulla lista nelle mani di una giovane SS. Doveva seguirlo, con la sua famiglia, con i vecchi che non riuscivano a camminare, con un bambino per mano e la moglie con il piccolo in braccio. Non sapeva dove andava, ma era finita. Guardava davanti senza vedere niente, lasciandosi dietro i muri, il Tempio, la storia, i ricordi, il selciato di sempre. Stava su una via grande, e saliva su un camion con tutta la famiglia. Non sapeva più che via fosse e si girava intorno meccanicamente.

Si rendeva conto che intorno il quartiere veniva svuotato, le case abbandonate. Non conosceva la destinazione, non sapeva a quale sorte andava incontro. Nella testa si sommavano, in un pensiero solo, i ragionamenti e i timori delle notti insonni.

Le strade rimanevano deserte e Via della Reginella ancora una volta testimone della sofferenza e della tragedia della comunità millenaria. Le case rimanevano vuote, le cose abbandonate alla rinfusa, le finestre e le porte sbattevano al vento. C'era una solitudine spettrale nel quartiere mentre il carro bestiame con i primi ebrei stipati dentro lasciava, dopo qualche giorno la Stazione Tiburtina in direzione nord. Era il sabato successivo, un altro sabato ebraico, quello in cui iniziava nelle camere a gas di Auschwitz l'Olocausto degli ebrei di Roma.

* * *

Roma pativa l'occupazione tedesca che continuava a cercare gli ebrei negli altri quartieri, proseguendo con ferocia l'opera di deportazione.

All'isola Tiberina, nonostante tutto, il rabbino Panzieri proseguiva nella piccola sinagoga accanto alla chiesa di S. Bartolomeo, nell'oratorio che avrebbe preso il suo nome, le funzioni religiose. Le proseguiva in segreto, dan-

Streets were deserted the Via della Reginella was once again the witness of the suffering and of the tragedy of this millenarian Community. Personal belongings were abandoned in total confusion and windows and doors of empty houses banged in the wind. During the next few days, a spooky atmosphere of solitude lay upon the neighbourhood, while cattle cars crammed with the first deported Roman Jews left the Tiburtina Railway Station, northward bound. It was on the following Saturday, on another Jewish Sabbath, that the Holocaust of the Roman Jews in the gas chambers in Auschwitz began.

* * *

Rome suffered under the German occupation and the occupants continued to look for Jewish people in other neighbourhoods, continuing the deportation process, with ferocious cruelty.

Despite all this, Rabbi Panzieri continued to hold religious services in the oratory that eventually would be named after him, in the small Synagogue next to the Saint Bartholomeo church, on the Tiberina island. He continued in secret, giving trust and encouraging those few people who were able to attend the services, proving great humanity and links to tradition.

Violence burst out against the smallest opposition, and the population hid, filling hospitals, private homes beyond suspicion, and convents with fleeing, young soldiers and people sought after for political and racial reasons. The entire city suffered under the occupation, but people showed love and care and how painful everything was and how ready they were to give a hand, even risking their own lives. Romans were helping other Romans, without discriminating between religions, traditions or birth. Small gestures revealed great humanity.

There were many examples: the porter of a building who just stopped a car and pushed a Jewish family, that was about to be deported, into it; the Jewish lawyer warned by his colleagues near the Palace of Justice in Piazza Cavour that the SS were only a few steps away and that they would capture him; the tailor who opened his own home to Jewish acquaintances who stayed there for months under false names; the office in the centre of Rome, in which a Jewish employee and his family hid in a room whose entrance was camouflaged by a large

do fiducia e coraggio a quei pochi che riuscivano ad assistervi, in una grande prova di umanità e di legame alla tradizione.

La violenza si scatenava contro qualsiasi minima opposizione, mentre la popolazione si nascondeva riempiendo di giovani soldati in fuga, di ricercati politici e razziali, gli ospedali, le case insospettabili, i conventi. La città intera pativa l'occupazione, dimostrando in molti casi di solidarietà e di amore quanto fosse grande il dolore e quale fosse la disponibilità a tendere una mano, anche a rischio della propria vita. Erano romani che aiutavano altri romani, senza far distinzione di religione, tradizione o nascita, scrivendo con piccoli gesti pagine altissime di umanità.

Il portiere di un edificio che fermava una macchina e ci spingeva dentro attonita una famiglia di ebrei che stava per essere deportata; l'avvocato ebreo avvisato da colleghi vicino al Palazzo di Giustizia di Piazza Cavour che le SS erano a pochi passi e l'avrebbero preso; il sarto che cedeva la propria casa a semplici conoscenti ebrei, rimasti là per mesi sotto falso nome; l'ufficio nel quale un dipendente ebreo si nascondeva con la sua famiglia in pieno centro di Roma, in una stanza la cui porta era nascosta dietro una carta geografica. La città riuniva ancora le persone, a suggellare con gesti semplici eppure vitali che la violenza bruta, quel pugno di ferro estraneo a quei luoghi, non sarebbe riuscito a rompere i legami, ma anzi li scuoteva, rendendoli imperituri.

Roma non era più la stessa, mentre premeva, dopo lo sbarco ad Anzio, l'esercito americano che non riusciva a sfondare. Continuavano i tentativi di resistenza, raggiungendo il culmine con l'attentato di Via Rasella. Ne era seguita la reazione tedesca con un'altra atrocità: la strage delle Fosse Ardeatine con le sue 335 vittime, tra le quali molti ebrei, ma tanti altri presi tra i resistenti a Regina Coeli e a Via Tasso e tra i comuni cittadini. Era tutta Roma, non più il solo quartiere ebraico, ad essere colpita.

Continuavano le violenze, mentre gli americani avanzavano. Proseguivano senza sosta, con ferocia da aguzzini, nella città e soprattutto nel carcere di Via Tasso, fino all'ultimo giorno. Fino al 4 giugno del 1944, quando, con gli americani alle porte, i tedeschi cominciavano a fuggire, e mille occhi nella notte seguivano dietro le finestre il susseguirsi dei carri e delle colonne militari che uscivano da Roma verso nord.

Era ancora una via romana, l'Appia, a ve-

map. The city united people once again, sealing the pact through simple and vital gestures, that brutal violence and the iron fist that had nothing to do with this city, would not succeed in breaking the bonds between people. On the contrary, the violence made these relations everlasting.

Rome was no longer the same. The Allied Forces, after having landed in Anzio, were not succeeding in breaking through the enemy lines. The attempts of resistance continued, however, reaching a peak with the attack in Via Rasella. The German reaction with a further atrocity followed: the massacre of the Fosse Ardeatine, with 335 victims. Many Jews, but also other people from the Resistance movement, from the prisons of Regina Coeli and Via Tasso, and many common citizens were among the victims. At this point, not only the Jewish neighbourhood, but the whole city of Rome was struck.

Violence continued while the Americans moved forward. It continued ferociously throughout the city and most of all in the prison on Via Tasso, until the very last day. Until June 4th, 1944, when the Americans were around the corner and the Germans began to flee. In the dark night, behind the curtains, thousands of eyes silently watched the continuous columns of military tanks leaving Rome, heading north.

It was another Roman road, the Appian Way (Via Appia), to see a new chapter of the city's history, as the Allied troops came down from the hill area, called "Castelli", towards Rome. Jubilation was all about. People came out of their houses and the persecuted started to breath again, and they were all thankful for being alive.

The war was still continuing further north, however, and the joy that people felt in Rome was not accompanied by relief and certainty that the war was really over. Pain and wounds and the continuous waiting weighed heavily on those who didn't know the fate of deported relatives and friends.

The neighbourhood that now started living again knew that there were still Jews in Rome, that everything wasn't over, and that the millenarian community was still alive and that it still refered to the walls and the streets of the ghetto.

The Synagogue immediately opened again, and the Jews who until then had remained hidden, rushed there from every corner of the city.

dere un capitolo nuovo della storia della città, con le truppe alleate che la percorrevano dai Castelli verso Roma. Cominciava il tripudio, mentre la gente usciva dalle case e i resistenti e i perseguitati tornavano a respirare, ringraziando di essere ancora vivi.

La guerra continuava più a nord e alla gioia della città non poteva corrispondere ancora il sollievo che ha solo chi sa che è veramente finita. Rimaneva il dolore, rimanevano le ferite, rimaneva la sospensione dell'attesa di chi non conosceva la sorte dei deportati.

Il quartiere che tornava a vivere sapeva che c'erano ancora ebrei a Roma, che quella storia non era finita, che la comunità millenaria aveva continuità e ancora si riferiva a quei muri e a quelle strade.

Era stato subito riaperto il Tempio Maggiore, che aveva visto accorrere da ogni punto della città gli ebrei fino ad allora nascosti. In quella sera di prima estate la gente nel Tempio tremava e piangeva, si cercava, chiedeva degli altri, si rincontrava domandandosi cosa era stato di chi non c'era. Era un incontro di emozioni che aveva il sapore e il dolore dell'inizio di un'epoca nuova, nella quale ancora una volta il Tempio e il quartiere tornavano a essere il luogo d'incontro, il riferimento ideale, e adesso il nodo degli abbracci, della commozione, della sofferenza per chi non c'era, della raccolta di notizie e di aiuto per quanti avevano ancora bisogno.

Ogni pietra, ogni porta, ogni finestra, ogni angolo di strada, tornavano ad essere il riferimento, l'irrinunciabile punto di incontro delle persone, dei loro legami e dei loro sentimenti.

During that evening of June, people in the Synagogue trembled, cried and searched, asking about the others, wondered about those who weren't there. It was a meeting full of emotions with the taste and pain of the beginning of a new period. The synagogue and the neighbourhood played once again their role of meeting point and ideal reference. But the area was now also the place of embraces, commotions, suffering for those who hadn't survived, where people could get news and help. Every stone, every door, every window or street corner of that neighbourhood once again became points of reference, meeting places for the people, their bonds and their experiences.

Emozioni assolute alla liberazione di Roma nel giugno 1944
Absolute emotion at the liberation of Rome in June 1944

IL POPOLO DI ROMA

Anno XXI - N. 157
Un numero cent. 50

ABBONAMENTI - Italia, Anno L. 125; Sem. L. 63; Trim. L. 32 - Con edizione lunedì: Anno L. 145; Sem. L. 73; Trim. L. 37. Arretrati L. 1 - C/C Postale n. 1/1113 - Spedizione in abbonamento postale - Uffici: Roma, via del Tritone 61-62 - Telefoni: 61-151; 61-152; 61-153; 61-154

EDIZIONE DEL MATTINO

INSERZIONI: Commerciali L. 8; Cronaca L. 10; Necrologie L. 8; Finanziari L. 10 (per ogni m/m di altezza una colonna). Economici (vedi rubrica). Tutto oltre tasse govern. Pagamento antic. Unione Pubblicità Italiana S. A., via Dosso Faiti 9 (già v. Parlamento) - Roma . Telef. 31-872; 60.564 e succ.

Lunedì 5 Giugno
Anno 1944

ROMA LIBERATA

Intatta dignità

Se ne vanno, sono andati. E' terminata l'avventura romana dei tedeschi, che fu non altro che una avventura, che un mostruoso capriccio del signore della guerra, che un lusso militare che Hitler volle offrire alla Germania ed all'amico Mussolini. Fu un'avventura che non era giustificata neppure dalla barbarica ragione della strategia, che non si spiega se non come paranoia, che ci è costata sangue, ci è stata causa di miseria, e che ai tedeschi non ha dato altro compenso se non il sadico spettacolo dell'avvilimento di Roma.

Piacque forse ai tedeschi la scena miseranda che troppe volte s'è ripetuta nelle nostre antiche piazze nobilissime, di cittadini fuggenti per evadere alle maglie delle retate. Li colmò forse di piacere il pianto, l'urlo delle donne stravolte nel vedersi rapiti figli, fratelli, sposi, e il singhiozzo angoscioso dei bimbi del Quadraro spopolato di uomini, e il terrore impotente degli ebrei circondati nelle casette tra Sinagoga e Arenula. Trovaron forse buon compenso alle sconfitte che subivano sui campi di battaglia, in cielo, in mare, nelle agevoli stragi, negli eccidi facilissimi di dieci ostaggi per un tedesco, di dieci nostri inermi per un loro combattente.

Perchè non altro giovamento ha dato loro l'assurda permanenza di nove mesi a Roma. Non amicizia, non simpatia, non collaborazione dei Romani che hanno vissuto nel disordine mortificante, nell'angustia segreta dalla quale tutto era reso incerto, onde era imprecisabile ogni atto della vita quotidiana, dubbii il lavoro e il nutrimento, mutevole l'alloggio, provvisorii perfino i nomi di noi tutti. Abbiam vissuto sotto l'assalto iniquo di ordinanze, di bandi e «Bekanntmachungen» incrostati sui muri a domandarci opera e a minacciar la morte in una ridda contradditoria di prescrizioni intimazioni e informazioni tra le quali un solo termine si ritrovava sempre uguale, come è invariabile la stupida ferocia: il «deutscher Kriegsgesetz», la tedesca inesorabile legge di guerra, la sanzione tedesca e la tedesca pena: di morte, di morte, di morte. Melanconica, stolida, monotona, la vera voce dei tedeschi ci veniva dalle pietre delle case impiastricciate di manifesti.

E i fascisti plaudivano; ed aiutava chi di loro poteva: e chi sapeva fare la spia si profferiva delatore, e chi univa la ferocia dell'istinto alla viltà dell'animo si faceva scherano, si prodigava da zelante esecutore d'ordini infami, d'atroci, macabri servigi: a che non giunse l'abbiezione dei fascisti, oggi rimasti qui, abbandonati a scherno nel polverone sollevato dagli ultimi autocarri dei tedeschi fuggenti a settentrione? Così hanno visto quale sia il solidale animo dei buoni camerati germanici; lo avevan già sperimentato i soldati italiani che combattevano ad Alamein, per proteggere la fuga dei tedeschi oltre i deserti, e poi ne fecero la prova fanti ed alpini dell'ARMIR depredati degli automezzi che servivano ai tedeschi per fuggire dal Don.

Un dio vendicatore li ha colpiti, ma queste vittime del terzo grossolano tradimento dei tedeschi non saranno lacrimate, non avranno compianto. Dia invece a noi questa esperienza una maggior chiarezza di giudizio, una visione più lucida di quella che già avemmo, noi ed i nostri capi, nei quarantacinque giorni della drammatica estate trascorsa. Ci dia una maggior forza la coscienza che, nonostante tutto, la dignità del nostro animo è rimasta intatta, che la jattura del servaggio tedesco non è per noi divenuta vergogna, perchè mai fu ignominioso per animi incorrotti dover subire, e patire, e soffrire. Uomini liberi, sappiamo ora quale sia il prezzo della libertà.

Il germanico imperio

Come sono scappati i fascisti

Un autocarro per un milione e 200 mila lire - Le ultime ore romane degli eroi del "Viminale" - Trasformazione a vista della sede della Federazione fascista repubblicana - Il dilettantismo radiofonico dei giovanotti del Battaglione "Barbarigo"

Già da sabato mattina, in certi ambienti si sapeva che le cose stavano precipitando. Precipitando, per loro, al peggio. Difatti verso le 11 i direttori dei giornali venivano chiamati d'urgenza al Ministero della Cultura Popolare dove senza delicatezza, li si informava che in seguito a «sopraggiunti spiacevoli avvenimenti» bisognava trasferirsi al Nord. Dall'albergo Quirinale, ultimo loro rifugio e con mezzi messi a disposizione dall'addetto stampa dell'Ambasciata tedesca, direttori e scagnozzi della stampa fascista repubblicana, partivano nottetempo da quella Roma che avevano giurato di non lasciare mai... Bisogna aggiungere che l'Ambasciata tedesca, aveva condizionato l'elargizione degli automezzi, all'impegno che i giornali da loro diretti avrebbero continuato con immutate direttive fasciste; impegno che, naturalmente, venne seduta stante sottoscritto. Difatti...

Nei giornali di sabato era apparso un annuncio pubblicitario che, nella sua frivolezza, sembrava contrastare con il cipiglio e i propositi feroci degli inserzionisti. Abbiamo detto «sembrava», perchè, in effetti, non contrastava affatto. Diceva l'annuncio che i legionari del battaglione «Barbarigo» offrivano compenso per il recupero della cagnetta-mascotte, ch'era andata smarrita. Era infatti, un brutto segno! Sarà stata restituita la «mascotte»? La storia non dice. Ma la cronaca registra l'acquisto fatto sabato sera dal Comando del Battaglione d'un grosso camion, pagato — chi bada a spese in certi casi? — la cifra tonda di 1.200.000 lire. A questo punto il «legionario» avrebbe avuto il diritto di dormire tranquillo: se non c'era la cagnetta-mascotte, grande valore sentimentale, c'era però l'autocarro, grosso valore pratico... Senonchè il nostro fiero legionario aveva fatto i conti senza gli amici tedeschi, e soprattutto senza la loro abilità di sganciamento. Mentre dall'albergo Moderno i fascisti si disponevano a partire, accompagnati da un certo numero di donnette-mascotte, sopraggiungeva un truculento gruppo di tedeschi i quali, senza troppi preamboli diplomatici, con quella delicatezza di tocco per cui vanno famosi nel mondo, s'impadronivano dei camion e degli altri automezzi predisposti per la fuga dagli «eroici difensori di Roma». Il colpo era forte; ma, rimessisi, i «legionari» disponevano intorno all'albergo, poderose mitragliatrici con mirabolanti spaventosi nastri. Mentre, tra la curiosità ironica di alcuni ragazzi, gli eroi erano riusciti a racimolare automezzi di fortuna, come cavalli e carretti, piombavano altri tedeschi che, proprio senza cortesia, trafugavano anche quelli. Bisogna proprio dire che, quando ha premura, il soldato tedesco non guarda in faccia a nessuno.

Parlando dei «difensori di Roma» non va dimenticata l'Eccellenza Cerruti, vice capo della Polizia della Repubblica Sociale, che su un'Artena scortata da due militi, prendeva la fuga ieri mattina per tempo. Proprio quando — per diversità di metodi rivelanti uno stesso eroico stile — sotto gli occhi stupiti dei passanti, la Federazione fascista dell'Urbe in via Veneto, si trasformava, mercè un'abbondante esposizione di targhe della Croce Rossa, in un pietoso inaspettato «posto di pronto soccorso».

Nella notte tra sabato e domenica, legionari fascisti tentavano di impadronirsi della sede dell'EIAR in via Montello. Mossa questa che dimostra, se ce ne fosse bisogno, una volta di più il dilettantismo bambinesco e incosciente di questi pseudo soldati: forse pensavano che entrati che fossero, bastasse premere un bottone perchè, per virtù di magia, tutto tornasse a funzionare come prima, come quando, cioè, non erano passati i nazisti? Il fatto è che, accolti da militi della P.A.I., nasceva una sparatoria generale nella quale avevano la peggio i legionari i quali messi in fuga, lasciavano sul terreno un morto.

Tra gli ultimi atti dei nazisti in Roma, due meritano di essere segnalati perchè tipici della mentalità tedesca in ciò che essa ha di ottuso e crudele a un tempo. Lo sgombero da essi ordinato di alcune scuole ed edifici nei quali avevano trovato un pietoso ricovero gli sfollati. E' necessario dire che tra costoro c'erano degli ammalati? E che anche gli ammalati, nel giro di pochi minuti, dovettero sgombrare? E che dire del tentativo, fatto domenica, di impedire alla popolazione il transito sui ponti? In un primo momento non poteva passare nessuno, poi, vari «caporali» che comandavano i presidi, disposero, a loro criterio che il passaggio avvenisse per gruppi di gente; altri, invece, — altra strategia — non ascoltavano ragione, e tenevano tutti lì, fermi, uomini donne e bambini...

E la popolazione? Tutte, o quasi, le caserme, rese tristemente famose in questi mesi per l'uso atroce fattone dai nazisti che vi tennero prigionieri, per giornate intere senza vitto, uomini d'ogni età razziati per le vie di Roma, le caserme, dicevamo, sono state prese d'assalto dal popolo: la caserma già Mussolini, al viale Mazzini, la Caserma Ferdinando di Savoia, tutte le caserme di Viale Giulio Cesare edifici di dolore davanti ai quali avevano sostato piangendo e imprecando tante donne, private dei mariti, dei padri, dei figli, furono come purificati dalla ventata furiosa della popolazione liberata. Domenica mattina, l'ultima macchina delle S.S. non era ancora svoltata all'angolo di via Tasso, che un gruppo di popolo si precipitava furibondo contro gli ingressi di quello che era stato il centro motore di tutte le crudeltà, le oppressioni, i soprusi di questi tristissimi mesi. Alcuni piantoni armati, lasciati in retroguardia, dovettero fuggire, chiedendo a soldati tedeschi che, più fortunati, scappavano in auto, di essere accolti a bordo. Registri, schedari, porte, tutto venne scaraventato in istrada, bruciato distrutto. Quasi contemporaneamente venivano liberati i detenuti politici.

Col passar delle ore, il senso della rotta tedesca si faceva preciso e visibile: file di soldati sporchi e stanchi che chiedevano invano ad autocarri tedeschi semivuoti un «passaggio» per proseguire verso «la linea di sganciamento prestabilita»; autocarri stracarichi; soldati che chiedevano un vestito civile per poter abbandonare finalmente quella divisa che gli faceva oppressi e oppressori...

Dov'è l'ordine, la disciplina, il decantato eroismo nazista? Verso sera soltanto alcuni soldati armatissimi ma abbandonati, disciplinati ma in arretrato cogli avvenimenti, sono ancora fermi ai loro posti, comici e pietosi, qua e là, a Villa Borghese, a Valle Giulia...

Ma a quell'ora i carri armati americani sono già all'inseguimento sulle strade che portano al nord.

I tedeschi in rotta

La 14ª armata di von Mackensen travolta dall'attacco frontale degli americani - Le truppe liberatrici attestatesi alle 15 di ieri al Quadraro, sono entrate in serata nella Città Eterna - Il nemico incalzato verso il nord

3 Giugno - La 14. Armata germanica di Von Makensen che teneva l'ala destra dello schieramento di Kesselring a sud di Roma, dal massiccio cioè dei Castelli al Tirreno, veniva sloggiata dalle sue munitissime posizioni difensive da un deciso attacco frontale portato dalla Quinta Armata americana del Generale Clark nella zona compresa tra l'Artemisio, Monte Cavo e Rocca Priora, e respinta veniva subitamente travolta nell'Agro Romano, fino ai margini meridionali della Capitale.

Mentre le prime notizie della rotta germanica si spargevano nell'Urbe, accendendo nei cuori la speranza dell'imminente liberazione, le unità fuggiasche — motorizzate ippotrainate e di fanteria — entravano precipitosamente in Roma, iniziando il precipitoso esodo verso settentrione, esodo che doveva prolungarsi per tutta la giornata di ieri.

Come sempre avviene quando la legge fisica della elasticità è stata superata, finita la resistenza dell'esercito tedesco, la ritirata ha assunto un carattere del tutto precipitoso, tanto da suscitare un senso di apprensione nella popolazione che ha temuto per tutta la giornata di ieri che il nemico stesse predisponendo un agguato entro le mura della città stessa, tanto più che molti mezzi corazzati si erano appostati nei quartieri meridionali dell'Urbe, e alcune località suburbane erano state sfollate e presidiate per istrada e nelle case da reparti della Wermacht.

Ma tutto l'apparato di forza, con il quale il nemico cercava di occultare il carattere disordinato della sua ritirata, crollava circa alle ore 20 di ieri, quando le avanguardie della Quinta Armata del Generale Clark, superate sporadiche resistenze lungo l'Appia e la Tuscolana e la Casilina, si affacciavano sul perimetro urbano della città, obbligando i «tigre» a cercare scampo nella velocità dei loro cingoli e nella sorpresa suscitata da quest'ultimo «sganciamento».

4 Giugno - Ore 20 - Sull'Appia un metropolitano ciclista, di quelli che nella giornata avevano ripristinato la stelletta dell'ordine sulle mostrine, annunciava alla popolazione addensatasi tra Ponte Lungo e la Via delle Cave, che i primi reparti dell'esercito degli Stati Uniti erano al Velodromo. Quasi non esistesse la minaccia di un combattimento tra le forze liberatrici ed i nazisti, e nel cielo non vi fossero apparecchi che da un momento all'altro potevano entrare in azione, la popolazione della zona si riversava frettolosamente sulla strada sospinta non soltanto da curiosità, ma da un'evidente passione per salutare le avanguardie alleate.

Poco dopo le 20, dal fondo della strada avanzavano in doppia fila di colonna i Sherman, i cui capofila si attestavano al Ponte Lungo. Centinaia di persone, divenute rapidamente migliaia si serravano attorno ai carri coperti di fango e di polvere e improvvisavano una dimostrazione entusiastica ai piloti americani, alcuni dei quali venivano sollevati e portati in trionfo.

Una bandiera tricolore veniva rapidamente issata sopra uno dei colossi corazzati, mentre dalla stazione Tuscolana si affacciavano sulla via reparti di patriotti, in borghese, fascia tricolore al braccio e moschetto a tracolla, che venivano dall'aver attaccato alcune tra le ultime unità germaniche passate per Roma.

Da qualche finestra della Via Appia apparivano nello stesso tempo bandiere italiane, americane e inglesi, fuse in un'armonia che deve segnare l'inizio di un tempo nuovo nella vita della nazione tornata libera.

Poco dopo, erano ormai circa le otto e mezza, nuove colonne di mezzi corazzati entravano per l'Appia accolti da nuove dimostrazioni di popolo. Ognuno faceva a gara per fornire indicazioni ai carristi, alcuni dei quali di nazionalità francese, riuscivano a intendersi facilmente con la popolazione.

Alle 21,30 le colonne della Quinta Armata hanno raggiunto il centro spingendosi poi rapidamente verso settentrione per inseguire gli uomini di Hitler in rotta verso il Viterbese.

I Sherman hanno scacciato i tigre: i primi recano sulle loro bandiere la libertà.

Il primo dovere

I tedeschi, e i loro goffi scagnozzi fascisti sono in fuga finalmente. Roma, la nobilissima Roma, degradata in questi ultimi mesi ad accampamento di soldati, a sudicia retrovia, umiliata da divieti polizieschi d'ogni sorta, si rialza dal fango ove la tenevan prona prepotenti soldatesche e prezzolati aguzzini. E' terminato lo orrendo servaggio; ma non per questo popoleremo di fiaccole allegre la città, o scenderemo cantando a danzare in piazza. Perchè da oggi comincia per noi una vigilia forse altrettanto dura che quella passata; aspra di sacrifici, di rinuncie, di angoscie.

Di questo è necessario che i cittadini si rendano subito conto; con questa coscienza attenuino la gioia della liberazione, le rinnovate speranze. Chi sogna l'inizio di un'era di imminente benessere, di pace, di tranquilla attesa che altri combatta ed agisca per noi, o per suo conto, chi farnetica d'armistizio, di ozioso vivere, chi s'illude di potere sedersi sulla soglia della casa distruita in inerte rassegnazione, è un nemico della patria, è un traditore. Il nostro paese è stato straziato dai bombardamenti di amici e di nemici, ha avuto desolate le città e le campagne, distrutti tesori d'arte e archivi e biblioteche e macchinari, rovinate chiese palazzi bonifiche, ha visto le popolazioni fuggiasche, spogliate del pane e dei panni; è tuttora corso e battuto ed arso come non fu mai ai tempi delle guerre di successione, come forse soltanto fu al sesto secolo, quando bizantini e goti se lo contendevano, e barbari del settentrione lo predavano e radevano al suolo le città. Il nostro paese ha pagato, e pagherà ancora, un durissimo scotto per gli errori, per gli inganni, per i tradimenti, ha scontato e sconta con sangue e miseria e morte l'illusione, la fiducia, la acquiescenza, la credulità; ma nessuno creda che questo suo martirio basti a redimerlo, che basti questo pauroso sacrificio a ricostituirne l'onore e la fortuna.

Abbiamo sentito fino alla nausea, dalla bocca di retori e di pappagalli, esaltato il nome e l'esempio di Roma antica; sappiamo oggi essere romani almeno in questo, nel non rassegnarci alla sventura, nel chiedere nuove prove e nuovi sacrifici. Ad altro tempo il gemere ed il recriminare; oggi l'Italia dalla riscattata capitale risorge a chiedere la guerra.

Guerra contro quel nemico che il popolo si sarebbe liberamente scelto l'anno 1940, se costretto ad intervenire nel conflitto e richiesto del suo volere; che per tre anni alleato infido e sprezzante gli si è rivelato beffardamente crudelmente ostile l'8 settembre e l'ha diffamato, l'ha incolpato delle sue sconfitte, gli ruba le provincie venete, tiene prigionieri, a morire di fame e di stento, centinaia di migliaia dei suoi figli; l'antico nemico nei secoli, il tedesco. Più alto degli osanna e delle azioni di grazia suoni oggi di nuovo il grido che un pontefice, quattrocento anni fa, dette per motto ad una «lega santa» contro gli stranieri invasori: fuori i barbari. Fuori i barbari che hanno insegnato agli sciagurati neofascisti la tecnica delle stragi e delle repressioni assassine, che hanno tagliato al pedale gli ulivi centenari e le querce millenarie della Campania e del Molise, che hanno allagato e isterilito col sale le campagne pontine e guastato le macchine idrovore, che hanno bruciato con i lanciafiamme boschi e vigne e paesi, che hanno spogliato e depredato e affamato le popolazioni.

Non dobbiamo indugiare, non dobbiamo perdere un giorno, dobbiamo iniziare subito la nostra guerra, che non è necessariamente quella dei nostri compagni d'arme, inglesi e russi e americani. La nostra guerra: una sola guerra, contro un solo nemico. Il fascismo ridotto negli ultimi tempi a cricca di servi sciocchi e di farneticanti tirannelli intorno ad una larva di despota, ha già mostrato il 25 luglio d'essere un guscio vuoto, sonante solo di vento; rigalvanizzato dall'arbitrio tedesco, resosi grottesco e odioso alla maggioranza dei suoi stessi ultimi adepti, non esiste più, nessuna crociata dobbiamo bandire contro di esso; soltanto dobbiamo estirpare da noi, dalle nostre abitudini, dal nostro modo di agire e di pensare e di parteggiare, quanto di torbido e di vizioso aveva fatto presa in noi in questi anni fatali.

Uno solo il cômpito, uno solo il nemico: il tedesco. In questo dobbiamo essere tutti uniti e concordi; quale che sia la forma politica e sociale che ognuno di noi auspica, quali che siano i giusti rancori. Non si vuol chiedere ad alcuno che metta in disparte idee e aspirazioni, tutti siamo liberi di esprimere pareri, di cercarci adepti e seguaci; ma non cominciamo, per carità, con una sbornia troppo rapida di libertà di opinione e di parola, un carnevale di comizii, una fiera di bizantinismi, di cavilli, di pretese, di distinzioni, di riserve.

Oggi una cosa sola preme: che l'Italia, agli occhi di coloro che dovranno fornirci le armi e darci un posto accanto ad essi sul fronte di battaglia, riappaia una, decisa, volenterosa, guerriera. Da questo nostro atteggiamento, dalla serietà, dall'impegno con cui ci metteremo all'opera, reclameremo anzi di essere messi all'opera, dipende tutto il nostro avvenire, il nostro destino di nazione; che fu rispettata ed ascoltata nel passato, e deve tornare ad avere nel futuro assetto d'Europa il posto che la sua civiltà, la sua potenza di numero, la sua storia, le sue qualità le assegnano.

Ritrovata la sua capitale, l'Italia sia di nuovo compatta ed intiera, un solo animo, un solo volere di vita dentro i suoi confini dalle Alpi al Lilibeo, concorde in campo e all'azione, anche se le provincie settentrionali dolorano ancora sotto il giogo nemico; abbiamo il diritto ed il dovere di agire, di parlare anche per gli italiani che insofferenti fremono sotto il tallone tedesco.

Dobbiamo costituirci un esercito subito, che abbia la sua parte di rischi e di responsabilità, la parte che ad una popolosa e fiera nazione compete. Dobbiamo chiedere che sia ridata libertà d'azione alla nostra marina, con i suoi bravi marinai, alla nostra aviazione con i suoi coraggiosi volatori. Non dobbiamo permettere che nella mente dei nostri futuri compagni d'arme, oggi nostri liberatori, si crei l'immagine di un'Italia stanca, divisa, impotente per rancori e dissensioni, pigra all'opera, incerta nel volere.

Quando i tedeschi saranno oltre i confini della Patria, quando sarà finita la guerra per la libertà dell'Europa, allora noi, popolo libero rigenerato dal sangue e dalle sventure, lavato da ogni macchia, con ricuperata dignità, con doloroso esame di coscienza, ricostruiremo lo Stato, ci daremo un nuovo statuto, decideremo forme e modi di governo e di vita. E già ora, in libertà di opinione e di discussione, possiamo dividerci in tendenze, in partiti, per discuterne, per prepararci; ma senza che questa libera attività di pensiero ci distolga dal cômpito principalissimo e urgente: la guerra.

PAOLO MONELLI

Il saluto dell'Urbe
al Governatore segreto di Roma

Dal 24 marzo Roma aveva un governatore segreto. Un governatore del Governo italiano nominato con compiti precisi e difficili. Noi aggiungeremo rischiosi, perchè il rischio è compagno ed amico del Generale Bencivenga e la sua pacata figura, quale ci è apparsa ieri nell'affollato Gabinetto del Governatore di Roma, scopre sotto il cordiale sorriso la tempra del valoroso militare che egli è.

I suoi compiti possono riassumersi in poche battute. Noi li esponiamo così come li appresi da lui, scarni, ma ognuno sa ormai come sono stati adempiuti; attraverso una organizzazione completamente apolitica il generale Bencivenga doveva facilitare l'occupazione di Roma alle truppe alleate, preservare la città da ogni offesa degli occupanti, salvare i compromessi, strappare i prigionieri al nemico. Compito, non difficile, ma, per i più, impossibile, condotto a termine nel modo più brillante. Accenneremo ad un solo episodio. Un'ora prima della fuga dei Tedeschi, alle 9 del 4 giugno, una delle segrete molle toccate dal Governatore ha fatto liberare i detenuti politici da Regina Coeli, condannati alla deportazione o alla morte. Alle volte si è dovuto ricorrere ad abili sotterfugi, a minacce di rappresaglie emessi da una radio alleata che parlava... da Roma. E questo trucco geniale ha ottenuto spesso effetti sorprendenti.

Mentre eravamo a colloquio col Governatore, è giunto in Campidoglio il Generale Clark il quale ha voluto esprimergli personalmente tutto il suo entusiasmo per l'accoglienza di Roma che il Comandante alleato ha definito euforica.

Il Governatore Bencivenga era stato autorizzato fin dal quattro ad assumere palesemente il comando della città, ma non bisogna credere che questa presa di possesso ufficiale sia stata priva di pericolo.

I collaboratori del Generale ci hanno raccontato come lungo la strada verso il Campidoglio, e precisamente a Santa Maria Maggiore la macchina è stata fatta segno a colpi di artiglieria germanica da carri che avanzavano sparando; un altro attacco armato è avvenuto in Via Nazionale.

Ma già il quartiere segreto del Generale era stato fatto segno nelle ultime ore a lancio di granate dai tetti circostanti. Appena le truppe alleate sono cominciate ad entrare in Roma il Governatore ha fatto suonare il campanone capitolino ed issare al balcone i colori nazionali.

Con la presa di possesso ufficiale della carica cessa il compito del Generale Bencivenga, al quale rivolgiamo il saluto della popolazione dell'Urbe, ed egli consegnerà i poteri nelle mani dell'organizzazione alleata.

Governatore militare di Roma sarà il generale Johonson; Governatore civile il generale Hume, la polizia sarà comandata dal colonnello Pollach.

Il proclama
del Generale Bencivenga

Cittadini,

L'ora della tanto sospirata liberazione è giunta!

Le crudeli privazioni a cui i nazifascisti hanno sottoposto Roma, il tenace lavoro svolto in mille forme per fiaccare la vostra resistenza, il terrore diffuso, le persecuzioni, le torture, le fucilazioni, sono stati vani. Il Fronte della Resistenza non ha capitolato, anzi nella lotta oscura e nella muta sofferenza, ha viepiù rinsaldata la sua fede e la sua volontà di lotta per infrangere il giogo dell'oppressione.

Oggi alfine le coraggiose bande dei Patrioti possono collegarsi con le Forze Alleate, che con alto nobile senso di riverenza, con strenuo provato valore hanno saputo giungere a noi senza travolgere negli orrori della guerra la nostra Roma immortale, culla della civiltà, faro della Cristianità nel mondo!

Dal Campidoglio torna a sventolare la bandiera della libertà: di quella libertà per la quale combatterono, soffrirono, caddero i nostri padri nella lotta per il Risorgimento, che fu il vessillo di ogni generosa battaglia combattuta dal nostro popolo!

La liberazione di Roma ha un significato che trascende il semplice, per quanto glorioso episodio di guerra. Essa deve essere come la diana della riscossa che chiami a raccolta tutte l'energie sane per il movimento di indipendenza e di libertà d'Italia. Ogni spirito eletto deve sentire l'imperiosa necessità di superare le ideologie di parte e di riunire le forze in un vincolo solidale per la ricostruzione spirituale e materiale della Patria. Col sangue, col lavoro ognuno deve riscattare la tragica follia di quel giorno in cui, perdendo fede nella libertà, risanatrice di per sè di ogni male, segnò il triste destino che oggi ci opprime.

Immensa è la sventura che ha colpito il nostro Paese, ma non vi è sventura che possa fiaccare la ferma volontà di rinascita di un popolo. Roma deve dare la misura di questa sua volontà.

Il mondo in quest'ora guarda come non mai a Roma. Da Roma ancora una volta si levi, con dignità e con fermezza, il grido di fede e di volontà del Popolo: fede nei valori supremi dello spirito e della umana personalità, volontà di combattere per il trionfo di essi contro la novella barbarie!

Cittadini,

La lotta è ancora dura e forse lunga. Noi dobbiamo cooperare con lealtà e vigore coi nostri valorosi Alleati per liberare i fratelli ancora oppressi sotto la tirannide, per ristabilire nel consorzio delle genti quei principii di pace e di giustizia, che sono patrimonio della nostra millenaria civiltà e delle idealità del Cristianesimo.

Fra le truppe che, a prezzo di lotte sanguinose, si sono aperte il passo sino a Roma sono uomini a noi doppiamente cari, non solo perchè hanno combattuto per debellare il comune nemico, ma anche perchè nelle loro vene scorre sangue italiano. Il mio cuore di vecchio soldato stringe in un legame ideale le truppe Alleate di oggi con quelle della Grande Guerra, che seppero dare prova di solidarietà al nostro Paese in un momento in cui la sfortuna aveva offuscato la gloria delle 11 vittoriose battaglie dell'Isonzo.

Cittadini,

In alto i cuori! Con la mente e con l'anima fise alla Patria, riprendiamo, volenterosi e fidenti, l'ardua opera di ricostruzione!

Viva la Libertà! Viva l'Italia! Viva Roma! Viva le Armate Alleate!

Dal Campidoglio, 4 giugno 1944.

Il Comandante Civile e Militare
Gen. R. BENCIVENGA

L'arresto di Caruso

Secondo notizie che ci provengono all'ultim'ora il sedicente questore Caruso sarebbe stato arrestato nella sua vergognosa fuga da agenti di polizia britannica.

L'arrivo in Roma
delle truppe alleate

I primi reparti giunti in Piazza Venezia

Le prime truppe Alleate che sono entrate in Piazza Venezia appartenevano al II Reggimento sesta Compagnia n. 1 del servizio speciale di detto Reggimento.

La Direzione del «Popolo di Roma» da oggi è assunta da un comitato di redattori designato da coloro che per aver collaborato dal 26 luglio all'8 settembre con Corrado Alvaro furono poi costretti ad abbandonare il giornale o incarcerati o fuorusciti.

Come già durante i quarantacinque giorni questo giornale torna così ad assumere l'impresa di degna libertà e di civile giustizia in cui si compendiano le aspirazioni di quel popolo di Roma dal quale, oggi come non mai, sentiamo l'orgoglio d'intitolarci.

Del comitato fanno parte Giulio Colamarino, Renato Ferminelli, Vittorio Gorresio e Ercole Patti.

IL QUARTIERE
DELLA MEMORIA
(1945-1996)
MEMORIES
OF A NEIGHBOURHOOD
(1945-1996)

Era cambiata Piazza Giudia. C'era di nuovo vita, mentre i ricordi più recenti bruciavano addosso. Le strade, le piazze, il Lungotevere, il rapporto col Tempio, col fiume, con l'isola Tiberina erano quelli di prima. Rimaneva il segno indelebile di un altro sconquasso passato, il più terribile, che aveva portato via a migliaia i testimoni di tutta quella storia, gli abitanti di quelle case, linfa e anima dell'intero quartiere.

L'Italia si rinnovava, ancora confusa e divisa, avviandosi verso altre trasformazioni: il Parlamento, la Repubblica, la Costituente.

Da qui partivano i giovani ardenti e quelli delusi verso una Palestina difficile e infiammata, che prometteva nuove speranze e dava forza a chi vicino alle pietre antiche non riusciva più a trovarne. Erano nati e si erano consolidati nuovi sentimenti di dolore e di separazione che ancora, chissà con quale fatica, si dovevano superare.

Le botteghe riprendevano il lavoro, sperando in una ripresa dei commerci che si erano spenti. Erano ritornati i matrimoni nel Tempio che vedevano incontrarsi e fondersi storie ed esperienze segnate dalla guerra e dalla deportazione. Sono ingiallite le fotografie del ragazzo ungherese scampato che sposa una giovane romana, e più vive le loro immagini con la nuova famiglia in Israele, da poco fondato.

Qualcuno ancora attendeva, dopo più di un anno, notizie e ritorni improbabili di chi era stato risucchiato dal buco nero della Germania nazista. Attendeva senza mai guardare fuori dalla finestra la giovane con due bambini che aveva appena sfiorato in un'alba gelida la mano del marito che non sarebbe tornato, avviato con gli altri nel carro bestiame verso ignota destinazione. Curava i bambini, riceveva visite di parenti che nemmeno vedeva, perduta dietro ricordi e un dolore che non riusciva a misurare. Altre come lei avevano avuto notizie di congiunti scomparsi, di cui spesso non si conosceva esattamente il luogo e le circostanze della morte. Di suo marito invece non era arrivata mai alcuna notizia.

Le strade conosciute, le voci note, la gente del mercato, non la rincuoravano in nessun modo. Quella mattina, come tante al-

Piazza Giudia had changed. Life had come back, while recent memories continued hurting. The streets, the squares, the Lungotevere, and the people's relation to the Synagogue, to the Tiber river and to the Tiberina island were the same as before. But a mark that would never go away had been left, of the worst and most shattering experience that had taken away thousands of people living in those houses, who were bearers of all that history and the lymph and soul of an entire neighbourhood.

Italy, although still a confused and divided country, was being modernized, moving towards new transformations: the Parliament, the Republic, the Constituent Assembly. Both disappointed and passionate young people left the country, heading towards a difficult and burning Palestine, which promised new hope and gave strength to those who could no longer find any near the ancient stones. Feelings of pain and separation were strengthened and had yet to be overcome, who knows how.

The small shops opened up again, hoping for a recovery of business, which had faded. Weddings were held in the Synagogue, meeting and melting stories and experiences, signed by war and deportation. The pictures of the young Hungarian survivor while marrying a young Roman woman have turned yellow with time, but the newer ones of their newly founded family in Israel, are well alive.

Some people were still waiting, after more than a year, for news and an improbable return of a relative or friend who had been sucked up into the black hole of Nazi Germany. The young woman with two children waited for news without ever looking out of her window. Her hand had just slipped away from her husband's during that ice-cold dawn. He'd been forced away with the others in a packed cattle car towards an unknown destination. She took care of the children, and continued to receive visits from relatives whom she couldn't even see, lost in memories and in an immeasurable pain. Others like herself had received information about missing relatives, without knowing, however, what had been their exact place and circumstances of death. No news seemed to ever arrive regarding her husband.

The familiar streets, the well-known voic-

tre da più di un anno, accudiva i bambini da donna libera, sentendosi addosso anni che non aveva e pesi che le avevano imbiancato i capelli nerissimi. Sentiva la gente parlare in strada e un vociare sempre più forte. Sentiva correre, correre e urlare. Le parole lontane si facevano più vicine. Sembravano venire dalla strada grande, fino ad entrare nei vicoli e sbucare nel suo. Le parole erano più chiare. Erano gioiose e tese allo stesso tempo. Dicevano che erano tornati, che qualcuno era tornato.

Le voci crescevano, fino sotto la sua finestra. Adesso, affacciata, faticava a mettere a fuoco la gente sulla strada. Tra tutte quelle teste che vedeva ondeggiare ce n'era una, irriconoscibi-

Pagina precedente/Previous page.
Cosa resta alla memoria: una colonna segnata dal tempo offerta al cielo.
What remains to the memory: a column marked by time offered to the sky.

Chiazze di colore sul palazzo dei Manili: intorno a quest'angolo tra via del Portico d'Ottavia e piazza Costaguti si svolge gran parte della vita sociale di strada tipica del quartiere.
Stains of color on the Manili building: around this corner between via del Portico d'Ottavia and piazza Costaguti takes place a great part of the street social life typical of this neighbourhood.

es, and the people in the open market didn't interest her anymore. That morning, just like many others during the past year, she took care of her children as a free woman, although feeling years beyond her age and a weight on her shoulders which had greyed her jet-black hair pre-maturely. She heard people speaking in the street in ever more loud voices. She heard people running, running and screaming. The far-away words came closer to where she was. They seemed to come from the main street, pass through the alleys and reach hers. The words could now be heard more clearly. They were joyous and nervous words and said that they'd come back, that someone had come back.

The voices grew louder, until they arrived just below her window. She looked out, straining to focus on the people in the street. Among all of those heads she saw moving up and down, there was one that was strangely familiar and unrecognisable at the same time. She felt shaky and unable to stand on her feet. While she was swaying towards the door, a young, tall and extremely thin figure slowly came towards her supported by two people. The height, the way he moved his hands, the way of walking were his and above all her husband's eyes indeed back

Come sono ora gli scavi intorno al Portico d'Ottavia: alla quota dei basamenti delle colonne da cui si legge il tessuto del nuovo quartiere, che scambia vita e tradizione con il resto della città.
The excavations around Portico d'Ottavia today: from the bases of the columns one can read the weaving of the new neighbourhood that exchanges life and tradition with the rest of the city.

Il marciapiedi al bordo del Portico d'Ottavia era l'antico limite del ghetto: la traccia del marciapiedi attuale era niente più che la via Rua, ultima via del Ghetto nella zona di questo più lontana dal fiume: ora diventa, con il suo arco di fondo verso la chiesa di S. Angelo in Pescheria il simbolo della fine della via verso gli scavi.
The pavement on the edge of Portico d'Ottavia was the ancient limit of the ghetto: the trace of the present pavement used to be via Rua, the furthest street of the ghetto from the river. Now, with its distant arch towards the church of S. Angelo in Pescheria, it marks the end of the street toward the excavations.

le e familiare. Si sentiva vacillare, le gambe non la reggevano. Ondeggiava ancora verso la porta mentre, sorretta da due persone, una figura alta, giovane e magrissima le veniva incontro: c'erano l'altezza, il movimento delle mani, il modo di camminare; soprattutto c'erano di nuovo, usciti da un inferno difficilmente raccontabile, gli occhi di suo marito. C'era incredulità, ora, e una gioia senza spazio e senza tempo. C'era ancora dolore, e raccoglimento e preghiera per tutti quelli, la maggior parte, che non ce l'avevano fatta.

La vita del quartiere riprendeva così tra mille difficoltà. Seguiva le sorti della città e dell'Italia, nella quale doveva sempre più svolgere il ruolo di richiamo e di memoria della minoranza. Seguiva le speranze e le lotte che infiammavano la Palestina, fino a portare anche a Roma la notizia che esisteva laggiù Israele, il nuovo Stato ebraico indipendente. L'emozione correva nei vicoli e dava agli ebrei provati un nuovo riferimento. Agli ebrei romani offriva un percorso particolare, visto che proprio a Roma erano arrivati gli ebrei schiavi alla caduta dell'ultimo regno ebraico indipendente.

C'era una storia a Roma, sospesa tra puntiglio e superstizione. Nessun ebreo romano era più passato in duemila anni, sotto l'Arco di Tito al Foro Romano, per non ripetere il percorso dell'avvilimento al quale l'imperatore aveva obbligato gli ebrei fatti schiavi.

Israele adesso chiamava e, da persone riscattate, gruppi di giovani ebrei si spostavano dal quartiere antico fino al Foro, per passare finalmente sotto quell'Arco di Tito da persone appartenenti ad un popolo libero. Era il 1948. Dopo quasi diciannove secoli sembrava tornare nella storia di Roma e in quella degli ebrei un altro anello di congiunzione, uno di quelli che legano indissolubilmente la gente ai luoghi, che fanno dell'ebreo romano una delle figure più antiche ed autentiche della città.

Roma viveva la crescita degli anni '50 e '60, quella in cui si lavorava per ricostruire e si osservava uno sviluppo rapido della società e dell'economia. Rimanevano nodi irrisolti, soprattutto legati alla tolleranza nella società, mentre la politica guardava altrove e tornavano troppo presto e troppo forti attacchi alla diversità.

All'inizio degli anni '60 il clima si faceva più difficile, fino alla comparsa di svastiche disegnate sulla Sinagoga.

Rispondeva però tutta insieme la città, della quale gli ebrei erano ormai parte integrante, a dire che minacce e violenza non sarebbe-

home from a hell that could not be described. There was disbelief now and a joy that went beyond space and time. And pain and prayers for the others, most of them that hadn't made it.

Life in the neighbourhood started again, with all its difficulties. The area developed in the same way as the city and as Italy did, and it increasingly played the part of a place that recalled and remembered minorities. It followed the hopes and battles that inflamed Palestine, until news came that Israel, the new Jewish independent state, had been created. Excitement ran throughout the alleyways and gave the exhausted Jews a new point of reference. For the Roman Jews it was particularly exciting since it was precisely to Rome the Jews arrived as slaves, at the fall of the last Jewish independent reign.

In Rome, somewhat between obstinacy and superstition, it was said that not one single Roman Jew had passed through the Arch of Titus in the Roman Forum during the past two thousand years, in order to avoid repeating the humiliating course the Emperor had forced the Jews who had been made slaves, to take.

Israel was calling and redeemed groups of young Jews now went from the ancient neigh-

Pagina precedente/Previous page.
Vita al Ghetto: la porta di una casa. Una sedia casuale per riposare e vedere chi passa, parlare con il vicino, sapere quale altra novità racconta oggi il quartiere: un casuale e profondo "arredo urbano", senza urbanisti, senza disegni e progetti, solo per viverla come viene fino in fondo…fino a mangiare in strada in una sera d'estate, con la pasta portata da casa su un tavolino improvvisato.
Life in the ghetto: a house door. An accidental chair for someone to rest, for someone to look at passers by, to talk with the neighbors and learn about the last neighbourhood news. A casual and deep "urban decor" created by neither planners nor drawings or projects. A locus of intense life and fun, so much as to eating a homemade meal in the street on a summer evening over an improvised table.

Sguardo in alto in via del Portico d'Ottavia: le case antiche, quelle ottocentesche, la linea della via che si perde verso via Arenula finché lo sguardo può correre libero di andare oltre il confine stretto della strada.
Looking upwards in via del Portico d'Ottavia: the ancient and 19th century houses, the line of the road dissolving toward via Arenula where the eye can run free beyond the narrow limit of the street.

Persiana alla romana: semichiusa per difendersi dal sole, semiaperta per sapere cosa succede fuori e parlare con chi passa.
Roman style shutter: half closed to protect from the sun, half open to know what's happening outside and talk to the passers-by.

Via del Portico d'Ottavia: il centro vero di "Piazza Giudìa".
Via del Portico d'Ottavia: the true heart of "Piazza Giudia"

ro più passate e che quella parte di città segnata dalla presenza degli ebrei sarebbe stata, una volta per sempre, difesa e diversa solo per storia e tradizione.

Il 9 ottobre del 1982 gli ebrei di Roma dovevano vivere per la propria diversità, un'altra pagina tragica. Questa volta era l'estremismo legato al conflitto mediorientale, che coinvolgeva la comunità di Roma richiamandone la particolarità e spingendola ad una dolorosa, diversa separazione. Era l'attentato al Tempio Maggiore, che toglieva la vita a un bambino di due anni e feriva gravemente molte persone.

Quella violenza riportava in un attimo gli ebrei romani a tragedie già vissute, quando avevano visto spegnersi altre vite di persone inermi.

Anche questa volta c'era la città a dare so-

bourhood to the Roman Forum, to finally pass under the Arch of Titus, as people belonging to a free nation. It was the year 1948. After almost nineteen centuries, it seemed as if another link in the history of Rome and in the history of the Jewish people had been connected. A link that definitely connects people to places and that makes the Roman Jews one of the most ancient and authentic figures of the city.

Rome lived through the economic growth of the 1950's and '60's, during which people worked to rebuild and there was a rapid social and economic development. Although there were still many unresolved problems that had to do with tolerance, politicians seemed to look elsewhere and too soon, and in a much too strong way, diversity was once again under attack.

At the beginning of the 1960's, the climate became more harsh, to a point where, swastikas were painted on the Synagogue. However, the city, in which the Jews now were integrated, responded as a whole, to say that threat and violence would no longer be tolerated. That part of the city marked by the presence of Jews would be defended, and be considered different, once and for all, only for its history and traditions.

But on October 9th, 1982, the Roman Jews had to live through another tragic page due to their diversity. This time it was the extremism bound to the Middle East conflict to involve the Jewish community in Rome, recalling its particularity and pushing it into a painful, new separation. It was the terrorist attack on the Synagogue, the Tempio Maggiore, during which a two-year old child lost his life, and many others were left seriously wounded.

Instantly, this violence brought back the Roman Jews to tragedies they had already experienced, seeing other defenceless people die.

Even this time the people in Rome showed solidarity. They helped, and most of all tried to attenuate the feeling of separation and to isolate those who tried to create, with political motivations and self-serving ideologies, divisions between Romans.

* * *

During the early 1980's, great urban transformation was involving Rome, but there were a lot of difficulties in launching the projects. These plans were in line with other, older projects for the renovation of parts of the historic centre. And parts had already been executed, for example, in the Tor di Nona area. There had also been weak attempts to re-launch Piazza Vittorio and to re-

store the Esquilino area. But especially in the first case, more importance had been given to the urban planning and to the buildings than to the human aspects of the proposal. What this meant was that there was an interest in achieving restored buildings in degraded, but very living areas, in which the residents were deeply rooted to particular places. But this was to be done without offering any kind of guarantees of preserving the real, ancient "soul" of the neighbourhoods, which had given meaning, language and character to small squares, shops and alleyways.

At the end of the 1980's, urban planners met to imagine the kind of city they wanted to propose for the new millennium and they proposed to save those areas where the urban decay, at the time, was worse. It became clear that in order to protect and save the history of these areas, the new projects would have to address the very ancient soul of the city of Rome.

It was no longer possible to propose the restoration of just another urban area that would become a "neighbourhood-living room.". On the contrary, considering buildings and city planning, an area that could be considered the centre, with the most authentic history, and where the highest concentration of ancient monuments and

Pagina precedente/Previous page.
La prospettiva avvicina Tempio e isola tra strisce d'ombra, di platani e della corrente che va.
The perspective draws the Synagogue close to the island amidst strips of shadow, plane trees and the running stream.

La spina semidemolita di S. Maria del Pianto vista da piazza delle 5 Scòle. Si notano sulla destra gli edifici ottocenteschi che sorgono sull'area una volta occupata dall'edificio delle 5 scòle, sul fondo la chiesa di S. Maria del Pianto.
The half-demolished backbone of S. Maria del Pianto seen from Piazza delle Cinque Scole. On the right can be noticed the nineteenth-century buildings standing on the area once occupied by the Cinque Scole building, on the back the Church of Santa Maria del Pianto.

Ingresso di casa ancora non restaurato: rimangono molti androni bui, molti muri da recuperare: il lavoro che dura dal 1870 è ben lungi dall'essere al termine.
A house front door not yet restored: many dark corridors, many walls to recover: the work in progress from 1870 is far from being completed.

Sedie e sampietrini di Roma.
Seats and sampietrini of Rome.

lidarietà, ad aiutare e, soprattutto, a fare da sponda perché il sentimento di separazione fosse attutito, ad isolare quanti provavano a creare, con motivazioni politiche e ideologiche pretestuose, una diversità fra i romani.

* * *

All'inizio degli anni '80 Roma era stata interessata da progetti di notevoli trasformazio-

L'andare del Tevere segna il confine isola-Sinagoga: un pezzo di fiume che era separazione e è scambio.
The flowing of the Tiber marks the island-Synagogue border: a part of the river that used to be a boundary is now an exchange landmark.

L'isola e la Sinagoga: si confrontano sul braccio sinistro del fiume, dialogo ebraico-romano, ebraico-cristiano.
The island and the Synagogue: they face each other on the left arm of the river: a symbol of the Jewish-Roman, Jewish-Christian dialogue.

Pagina successiva/Next page.
Scale e vecchi mattoni nel sotterraneo della casa dei Manili.
Stairs and old bricks in the cellar under the Manili house.

Cornici di storia: il balzo di ponte Garibaldi oltre il Tempio e l'isola, verso Trastevere.
Frame of history: the fall at Ponte Garibaldi beyond the Synagogue and the island, towards Trastevere.

buildings should be found, and where there was still a significant working-class population, had to be singled out among the more degraded city areas.

The streets of the ancient ghetto and those surrounding the Portico d'Ottavia, where the houses had been built into the monuments, and where the people lived the streets as they met and talked near the shops, where old, traditional ways and memories were considered an important, and at the same time natural part of daily life, had exactly those characteristics.

A joint project was successfully launched at the end of the 1980's, by the Lazio Region and by Rome's Municipality, with the intention of not merely saving single streets or neighbourhoods, but rather of starting up an entire process of careful, preserving renovation of the city, beginning with the most "Roman" area.

And that's just what happened, despite initial difficulties, occasional slow-downs, and big surprises that the area and its basements continue to offer. More often, curious people come right up to the barrier protecting the working areas, and wait around. It is a way of strengthening bonds between present life and older and more profound roots that keep coming out of the earth.

Fontana di Giacomo della Porta a piazza delle Cinque Scole (qui, spostata da piazza Giudia all'ingresso del Ghetto); si vedono due degli edifici liberty sorti sull'area del Ghetto demolito, e, sullo sfondo, la cupola del Tempio Maggiore.
Giacomo della Porta Fountain at Piazza delle Cinque Scole (here, moved from Piazza Giudia at Ghetto's entrance); we can see two Liberty Style buildings risen in the area of the demolished Ghetto, and, in the background, Tempio Maggiore's dome.

La targa stradale di piazza delle cinque Scole, già via del progresso, a ricordo dell'edificio che ospitava le cinque Sinagoghe del Ghetto divise per provenienza geografica: Tempio (Roma); Nova (Stato Pontificio); Siciliana; Catalana; Castigliana.
Street slab of Piazza delle Cinque Scole, former Via del Progresso, to recall the building that hosted the five Synagogues of the Ghetto, divided by geographic origins: Tempio (Rome); Nova (Papal State); Siciliana; Catalana and Castigliana.

Quel che resta oggi delle case nei vicoli ancora abbandonate e da recuperare.
What remains today of the houses in the alleys that are still abandoned and need to be restored.

ni urbanistiche, con forti difficoltà di avvio. Erano piani che seguivano, pur con sforzi rinnovati, la linea di altre proposte di rinnovamento di parti del centro storico. Era già successo a Tor di Nona. C'era stato un timido tentativo di rilancio di Piazza Vittorio e del piano di recupero dell'Esquilino. Ma, soprattutto nel primo caso, si era badato più all'aspetto urbano ed edilizio che non a quello del contenuto umano della proposta. Ciò significava ricavare da un centro degradato ma vivo, nel quale si muovevano persone radicate nei luoghi, in un quartiere-paese molto animato, un insieme di edifici restaurati senza che ci fosse garanzia per il mantenimento dell'"anima" antica che aveva dato senso, linguaggio e carattere alle piccole piazze, ai vicoli, alle botteghe.

Quando alla fine degli anni '80 gli urbanisti si incontravano ripensando la città per proporre, alle soglie del Duemila, un recupero di quel degrado ancora peggiorato, risultava evidente dalla stessa storia che volevano proteggere e salvare, che i nuovi progetti avrebbero dovuto puntare proprio sull'anima più antica di Roma.

Non si poteva più proporre il restauro di una zona urbana che sarebbe diventata dopo i lavori un "quartiere-salotto". Si doveva individuare, invece, tra le zone più degradate della città dal punto di vista urbanistico ed edilizio, quella che poteva essere considerata il nucleo più pregnante, il nodo della storia più autentica, l'elemento dove più forte era la concentrazione dei monumenti e degli edifici antichi, dove rimaneva una significativa residenza popolare.

Le strade dell'antico ghetto, le vie intorno al Portico d'Ottavia dove le case si incastrano nei monumenti, dove la gente vive la strada e parla e racconta tra le botteghe, dove l'antico e la memoria sono parti essenziali e nello stesso tempo naturali della quotidianità, avevano esattamente le caratteristiche cercate.

Il progetto che alla fine degli anni '80 veniva avviato dalla Regione Lazio in collaborazione con il Comune di Roma, non intendeva solamente recuperare una via o un quartiere, ma voleva avviare un processo di rinnovamento conservativo della città ad iniziare proprio dal nodo più "romano".

È quello che è avvenuto, pur con le difficoltà dell'avvio e con i rallentamenti e le grandi sorprese che tutta la zona, e soprattutto il suo sottosuolo, continuano a riservare. La gente si avvicina sempre più spesso alle transenne che delimitano i lavori in corso, con attesa e curio-

Il Ponte Fabricio e la Torre de' Caetani all'Isola Tiberina visti dal Tempio Maggiore.
Ponte Fabricio and the Torre dei Caetani at the Isola Tiberina seen from the Tempio Maggiore.

sità. È ancora un modo per rinnovare il lega-me tra i fatti recenti e le radici che affiorano sempre più antiche e profonde.

Il piano di intervento, sulla base del quale è iniziato il lavoro su Via del Portico d'Ottavia e Piazza delle Cinque Scole, prevede un'esten-sione, con un secondo stralcio del progetto, sul-l'asse di Via de' Funari e Via dei Falegnami, con le tre piazze Campitelli, Lovatelli e Mattei, se-guite dal recupero di alcuni edifici di proprietà pubblica. E questo prelude ancora, nell'inten-zione degli urbanisti, ad un allargamento del-l'intervento: l'ultimo asse è quello rinascimen-tale di collegamento tra il Campidoglio e quel-la parte estesa del Centro Storico che, attraverso Via dei Giubbonari, seguita in Piazza Campo de' Fiori, Piazza Farnese e così via.

È un programma e una scommessa, un in-dirizzo visto in prospettiva, mentre si pensa a non perdere quanto è venuto alla luce nel pri-mo cantiere, dove la città ha scelto di salvare la bellezza delle scoperte recenti consentendo, con una sistemazione ancora da inventare, lo studio e la visita del patrimonio comune.

* * *

Daniele è felice. Ha 12 anni ed è la prima volta che va in giro per Roma con i cugini. Da-vid è venuto dall'America, dove suo padre era fuggito nel 1938, subito dopo le Leggi Razziali. Ariel è venuto da Gerusalemme, dove i geni-tori erano andati dopo essersi sposati a Roma nel Tempio Maggiore appena riaperto dopo la liberazione. Parlano in italiano, inframmezzan-do qualche parola in ebraico e in inglese. Van-no in giro un po' per riconoscersi, un po' per vedere la città della quale Daniele, per quello che sa, vorrebbe fare da guida. Scendendo dal Campidoglio, dove avevano cercato il Marc'Au-relio che non c'era, passano davanti al Teatro di Marcello e si infilano in Via S. Angelo in Pe-scherìa, fino a passare in fila indiana nello stretto andito sotto al Portico d'Ottavia. Dal-la passerella di legno vedono le colonne uscite dal terreno e sullo sfondo la cancellata del giardino del Tempio. Devono arrivare da Boc-cione, la pasticceria ebraica sull'angolo del Pa-lazzo dei Manili, alla fine di Via del Portico d'Ottavia. Il percorso è lento, diviso tra la lo-ro conversazione e le continue interruzioni di chi passa. Da un negozio chiedono a Daniele come stanno i genitori. Dall'altro lo chiama-no per sapere chi sono quei due così somiglianti che lo accompagnano. Dall'angolo di un vico-lo, un vecchio seduto su una sedia di paglia, lo

This project, which first was executed through construction work on Via Portico d'Ottavia, and on Piazza delle Cinque Scòle, was to be extend-ed. A second abridged version of the project fore-saw an enlargement to the axis between Via de' Funari and Via dei Falegnami, and to the three squares, Piazza Campitelli, Piazza Lovatelli and Piazza Mattei, and a restoration of certain pub-lic buildings in those areas. According to the ur-ban planners' this was just the beginning of a fur-ther expansion to the other axis, which was from the Renaissance and which connects the Capitoline Hill to that large part of the Historic Centre that, after crossing Via dei Giubbonari, continues to Piazza Campo de' Fiori, Piazza Far-nese, and so on.

It is not only a plan, but also a bet, a way of proceeding into the future, while trying not to lose sight of the things that came to light during the first building yard. The city, that still has to invent a setting, chose to save the beauty of those findings, allowing people to study and to visit this patrimony that we all have in common.

* * *

Daniele's happy. He's 12 years old and it's the first time he walks around Rome with his cousins. David comes from America, to where his father fled in 1938, immediately after the Racial Laws had passed. Ariel comes from Jerusalem, where his parents went after their wedding in Rome at the Tempio Maggiore, when it re-opened after the liberation. They are speaking Italian, but using He-brew and English words here and there .
They are walking around in order to get to know and to see the city in which Daniele thinks he would like to be a guide. Walking down from the Capitoline Hill, where they had looked for the stat-ue of Marcus Aurelius which temporarily wasn't in its place, they pass in front of the Teatro di Marcello and slip into Via S. Angelo in Pescherìa, then, one by one, they pass through the narrow passage under the Portico d'Ottavia. From the wooden platform, they see the unearthed columns and in the background the fence surrounding the garden of the Synagogue. They are heading for the Jewish pastry shop "Da Boccione" at the corner of the Manili palace, at the end of Via del Por-tico d'Ottavia. They are proceeding slowly, as they're distracted by conversation and continu-ous interruptions of passers-by. From a store, someone calls out asking Daniele how his parents are. From another one, people call out to know who those other two guys, who look so much like him, are. From the corner of an alleyway, an old

saluta e gli domanda dove va, inseguendolo con consigli mentre si allontana. Nella pasticceria arriva la grande accoglienza, le raccomandazioni di saluto a casa, l'informazione curiosa sugli altri due. Mentre parlano vengono spinti sempre di più in un angolo del bancone dalla gente che entra, che chiacchiera, compra e comincia a mangiare le bombe e i "bruscolini" ancora prima di uscire. La donna col grembiule riempie di "pizza e biscottini" un vassoio enorme, senza smettere di parlare. Dal laboratorio sul retro la chiamano in continuazione altre donne con le quali scambia, interrompendosi, informazioni sulla cucina e commenti sulla gente in giudaico-romanesco. Daniele, David e Ariel se ne vanno con il grande pacco verso casa, attraversando la Piazza delle Cinque Scole, a pochi metri dai muri che raccontano dove pregava il nonno del nonno.

man sitting on a straw chair, waves to him and asks where he's going, advising him about this and that. Once inside the pastry shop, they are warmly welcomed and told to say "hello" to their relatives. There was a keen interest in Daniele's two companions. While they are speaking, they're slowly being pushed towards the end of the counter by the people entering, chatting, who buy and immediately begin to eat the special doughnuts and the roasted salted pumpkin seeds called "bruscolini" even before leaving the shop.

The woman wearing an apron fills up an enormous tray of sweet "pizza" and "biscottini", without ever stopping to talk. From the workroom in the back, other women interrupt her with information about baking and comments about customers and others, in the Hebrew-Roman dialect. Daniele, David and Ariel leave with the big package, heading home. They cross Piazza delle Cinque Scòle, just a few meters from the walls that tell us about where his great-great grandfather used to pray.

Finestra del Tempio dei Giovani ex oratorio Panzieri nel complesso di S. Bartolomeo all'Isola Tiberina.
Window of the Tempio dei Giovani, former Rabbi Panzieri's oratory in the S. Bartolomeo complex at the Isola Tiberina.

IN BILICO
TRA ABBANDONO
E RINNOVO
(1996-2004)
HOVERING
BETWEEN ABANDON AND
RENEWAL
(1996-2004)

Dopo l'anno 2000 molto ancora resta da fare. I restauri già realizzati sono una minima parte di quanto era stato previsto e riguardano singoli edifici senza interessare il quartiere nel suo complesso.

Due elementi mancano oggi per ritrovare con facilità il tessuto urbano antico: il primo è la facile individuazione dell'asse medievale e di quello rinascimentale sulle due diverse vie quasi parallele, ovvero Via del Portico d'Ottavia e Via de' Funari – Via dei Falegnami con le tre piazze Campitelli, Lovatelli, Mattei. Il secondo elemento è la connessione visibile dei restauri degli edifici e delle strade in un quadro organico di recupero urbanistico-edilizio.

Nel tempo trascorso, mentre il Comune di Roma metteva mano alle opere nel sottosuolo e rifaceva le pavimentazioni, dando inizio anche ai primi interventi edilizi sul complesso di S. Maria del Pianto, gli edifici privati avviavano un restauro complicato e significativo accompagnato dalla ricerca degli antichi impianti edilizi. La prima iniziativa comunale ha di certo costituito un iniziale incentivo ai restauri privati. Si è così creata nella zona una situazione di iniziativa sia pubblica che privata. Quest'ultima, una volta avviata, si è sviluppata secondo le disponibilità economiche e le urgenze riscontrate dando in qualche anno un'immagine diversa al quartiere, che appare oggi rinnovato. Il Comune invece, dopo la prima parte di opere realizzate sulla via pubblica e sugli edifici compresi tra S. Maria del Pianto e S. Maria de' Calderari, ha interrotto gli interventi lasciando incerta la previsione di ripresa sia sugli edifici da ricostruire o consolidare, sia sui sistemi integrati di servizio come i parcheggi, sul recupero di palazzi di proprietà pubblica, sull'arredo urbano e il sistema dei percorsi pedonali, legati alla parziale interruzione del traffico nelle parti di maggior valore.

Eppure l'attività non si è fermata negli ultimi anni. È anzi proseguita sia nel settore pubblico che in quello privato per la sensibilità di funzionari e semplici cittadini, per l'iniziativa anche istituzionale di politici sulla base del fascino che emana da ogni angolo del quartiere, per la storia che si respira comunque quaggiù, per la possibilità indubbia di proposta culturale e di incontro che questi luoghi hanno per natura.

There is still much left to do. The restoration works that have been carried out are only a small part of what was planned, and generally have to do with single buildings rather than with neighbourhoods as a whole.

Two elements are still missing in the efforts to find the ancient urban structure: the first one is the identification of the Medieval and Renaissance axis on the two almost parallel streets, that is on Via del Portico d'Ottavia, and on Via de' Funari-Via dei Falegnami with the three squares, Piazza Campitelli, Piazza Lovatelli, and Piazza Mattei. The second one is to connect building, and street restoration in an organic way to a general situation of urban building preservation.

In the past, while Rome's Municipality started diggings and were re-paving and doing initial restorations of the S. Maria del Pianto complex, the private sector launched complicated and important building restorations which were accompanied by research on the ancient building structures. The first Municipal initiative was certainly an incentive for private restoration. So both public and private initiatives were taken in the area. The initiatives taken by the private sector developed in line with its funding and with different needs as they came along, and after a few years the neighbourhood appeared new and different. On the other hand, Rome's Municipality, after completing the first part of the works of restoration on the public street and buildings included between S. Maria del Pianto and S. Maria de' Calderari, stopped restoring. This made it impossible to accurately estimate just when works would be taken up again, both regarding reconstruction and consolidation of buildings and regarding the creation of integrated systems of services such as parking lots, the preservation of buildings of public property, street furnishings, and a system of pedestrian walkways, all of which are tied to the partial interruption of traffic in the areas of greater value.

But the activity didn't stop completely during these last years. On the contrary, it continued both in the public, and in the private sector, due to the sensitivity of public officers and simple citizens, and also due to institutional initiatives taken by politicians,

based on the interest that every corner of the neighbourhood radiates, on the sense of history that everyone feels when they are in the area and on the infinite possibilities of culture and of meetings that places such as these naturally offer.

So the Superintendency of the Municipality has provided for the continuation of the archaeological excavations around the Portico d'Ottavia, digging out its original height. Passers-by no longer see stubs of columns and semi-modern sidewalks, no more neglected walls and stones marked by time, but a historic-architectonic area of great value and impact, restored and ready to be seen.

As a result of the restoration works, carried out by the Superintendency and the Municipality's Councillor to Culture, today it's possible to visit the Portico d'Ottavia, using the pedestrian access, a ramp, that leads down to the level of the foundations which are from the Classical Period. The former street level is now easily reached, where these foundations, dating back to periods before the Roman Empire, that is to more than 2000 years ago, have been found. A sudden drop still separates the present city from the parts of the monument that can be visited, but it was necessary to organize the site this way, in order to avoid dispersing the patrimony of knowledge acquired during the excavations.

From the base of the Portico, it is possible to pass through other nearby excavations, which are part of the excavations of the Teatro di Marcello area, reaching the street that separates the whole area from the Capitoline Hill. There would be a possibility, which is still theoretical, to create a pedestrian underground tunnel, decorated with historical findings, from the Synagogue to the Capitoline Hill, connecting the two areas.

In the same period in which the described restoration works were being carried out, the Jewish Community, realizing an older idea, in collaboration with the State Superintendent of Architectonic Heritage, enlarged the Jewish Community Museum, which has its entrance on the Lungotevere Cenci and can be visited. The previous museum was too small and couldn't exhibit properly the great quantity of pieces, of which many remained in warehouses. The entrance was also too small for a continually increasing public.

Recent works in the museum, which were concluded only a few months ago, now allow a proper exhibition of the pieces, which tell us about the history of the area, and are the foundations of the memories of this very ancient communi-

Finestra sul muro privo di intonaco, segnato dai buchi dei vecchi attacchi dei pali di legno serviti per la costruzione, con gli architravi a mattoni "di coltello" un'apertura classica con ringhiera in ferro, il filo per stendere i panni, il ferro battuto che regge i vasi da fiori.
Window: on a non plastered wall, marked by the holes of old wooden poles necessary for construction. The brick archivolt , a classic opening with an iron rail. The laundry line, the cast iron to keep the flower vases.

Pagina precedente/Previous page.
Racconti sull'argine: tra platani e fiume. Il bordo netto dei muraglioni sabaudi, che alla fine dell'ottocento hanno sostituito il digradare lento delle sponde e, nel caso del Ghetto, le case dritte sul fiume.
Stories on the embankments: between plane trees and the river. The clear cut border of the massive Savoyard walls, which, at the end of the nineteenth century, replaced the gradually descending river banks, and in the case of the Ghetto, the houses located by the river.

Così la Soprintendenza Comunale ha curato direttamente la prosecuzione degli scavi archeologici intorno al Portico d'Ottavia, che è stato definitivamente restituito alla vista del passante nella sua altezza integrale. Non più colonne monche alternate a marciapiedi semi-moderni, non più muri o pietre segnati dall'incuria e dal tempo, ma un elemento storico-architettonico di indubbio valore ed impatto visivo restaurato e reso alla visione del pubblico.

Oggi si può visitare, dopo il lavoro della Soprintendenza e dell'Assessorato alla Cultura del Comune, il Portico d'Ottavia, con l'accesso pedonale che attraverso una rampa di discesa porta alla antica quota di fondazione di epoca classica. È perciò agevole raggiungere l'antica quota di pavimentazione, ove sono state rilevate le fondazioni del monumento risalenti a data anteriore all'Impero, ovvero ad oltre 2000 anni fa. Certo il salto repentino separa ancora la città attuale da quanto si può visitare, ma questo era possibile fare per non disperdere il patrimonio di conoscenza acquisito durante gli scavi.

Dalla discesa alla base del Portico è possibile passare attraverso gli altri scavi limitrofi dell'area del Teatro di Marcello, fino alla strada che separa dal Campidoglio. Resta la possibilità, ancora allo stato di indirizzo, di proseguire il percorso pedonale di visita creando un passaggio, ad esempio interrato e contornato da vestigia scavate, per proseguire a piedi dalla Sinagoga al Campidoglio senza uscire dall'area di visita.

Nello stesso periodo in cui procedevano gli interventi descritti la Comunità Ebraica, seguendo un'iniziativa nata prima del 2000, realizzava in collaborazione con la Soprintendenza di Stato ai Beni Architettonici, l'ampliamento del Museo, visitabile con ingresso dal Lungotevere Cenci. La sede precedente era da anni angusta e non rendeva merito alla quantità dei materiali esposti e degli altri che rimanevano nei magazzini. Inoltre gli accessi erano esigui per il pubblico sempre più numeroso.

I recenti lavori, conclusi solo da alcuni mesi, consentono ora di vedere gli oggetti che narrano la storia e sono la base della memoria di questa comunità antichissima. La disponibilità dei locali al piano interrato rende il percorso gradevole sia per la possibilità di visita del Tempio Spagnolo, a quota inferiore del Tempio Maggiore, sia perché sono finalmente visibili i tesori una volta in magazzino.

Lo spazio maggiore ha consentito di mostrare gli argenti e le stoffe provenienti dalla Cinque Scòle e tutte le altre cose, cosiddette di arte mi-ty. New areas on the basement floor, create a nice itinerary through the whole museum, with the possibility to visit both the Tempio Spagnolo, which you can find under the Tempio Maggiore, and to see the treasures that were kept in the storerooms.

The enlarged museum allows the exhibition of silver and fabrics from the Cinque Scòle building and of all of the other objects of so-called "minor art" that are a precious part of the patrimony of the Community. The longer itinerary and the Synagogue on the lower floor offer the opportunity to see some of the most rare and beautiful furnishings, from the original Synagogues in the Ghetto.

Another recent initiative taken by Rome's Municipality in collaboration with the Jewish Community, is the creation of the so called "Building of Jewish Education and Culture", with its seat in the building that used to host the Foscolo and Sella schools. Actually this project is still being carried out, since not all of the points contained in the Agreement between the two institutions have been worked out. The building, which stands on the entire block between Via Catalana and Via del Portico d'Ottavia, isn't of particular architectonic importance, being of minor value among the buildings that were erected on top of the old Ghetto area during the demolition period in the beginning of the 1900's. However, the choice to make it the seat of Jewish schools and other cultural initiatives in collaboration with other local institutions, gives a meaningful function to the building.

In this picture, the interruption of urban restoration and building preservation that followed, and which at the end of year 2003 was still awaiting new incentives, seems incongruous. The Municipality of Rome was still present and had maintained a growing interest in the area. Initiatives taken by Rome's Mayor Veltroni and by the local councillors Minelli and Morassut, in the beginning of 2004, have given a start to new restoration works. These works were coordinated by the Local Office for Public Works in the Historical Centre and the Hebrew Community with the aim of organizing the new pedestrian area and the streets surrounding the Synagogue (see appendix). An important role was played by the memorial celebrations of the inauguration of the Synagogue, wanted by Mr. Paserman, the Chairman of the Jewish Community, and by the Chief Rabbi, Di Segni.

While institutions recently have been proposing monumental, cultural and educational ini-

nore, che costituiscono una parte preziosa del patrimonio della Comunità. Il percorso più ampio e il Tempio sottostante offrono la vista di alcuni tra i più rari e begli arredi provenienti dalle Sinagoghe del Ghetto.

Per un'altra recente iniziativa del Comune e della Comunità in collaborazione è nato il palazzo ebraico dell'istruzione e della cultura dove avevano la loro storica sede le scuole Foscolo e Sella. Anzi questo programma è ancora in corso perché non tutti i punti contenuti nel Protocollo d'Intesa tra le due istituzioni sono completati. L'edificio, che sorge quale intero isolato tra via Catalana e via del Portico d'Ottavia, non riveste particolare rilievo, essendo forse quello di minor pregio architettonico tra quelli che sorsero sull'area del vecchio Ghetto con le ricostruzioni del primo ventennio del '900. Ora la scelta di farne la sede delle scuole ebraiche e di altre iniziative culturali di collaborazione tra le istituzioni sul territorio ne rende significativa e propositiva la presenza e la funzione.

Appariva incongrua, in questo quadro, la fa-

tiatives, the private sector continues its participation with the same fervour as in the 1990's. During the past ten years, restoration works in most private buildings have been carried out, building preservation of various quality, size and price. Most of these works were agreed upon with the Superintendency of Rome since there were monumental planning restrictions to consider. Façades, ancient stairways, friezes, and pavements have been restored. Owners of stores and apartments have let carry out the restorations, looking for and preserving ancient construction elements, even inside the buildings, occasionally finding prestigious examples.

The renovation of the building on number 13 of Via del Portico d'Ottavia was recently com-

Finestre, aperture, buchi scuri, squarci, ferite per dare luce a chi non ce l'ha. Sono aperture senza ordine, casuali, disperate, la ricerca di aria e luce che sono negati dalle leggi sulla costrizione.
Windows, openings, dark holes, breaks, cuts made to bring light. Casual, desperate, order less holes in search of air and light denied by the seclusion laws.

se di interruzione del recupero urbanistico e edilizio che era stato avviato, e che alla fine del 2003 attendeva nuovi incentivi. Il Comune aveva mantenuto nella zona una presenza forte e manifestava un interesse addirittura crescente. Dall'inizio del 2004 la positiva iniziativa del sindaco Veltroni e degli assessori del Comune Minelli e Morassut ha dato un nuovo avvio agli interventi. Questi, coordinati dall'Ufficio per la Città Storica del Comune, in collaborazione con la Comunità Ebraica, riguardano la riqualificazione della nuova area pedonale e il riassetto delle strade intorno alla Sinagoga. Vi hanno giocato un ruolo determinante anche le cerimonie per la commemorazione del centenario dell'inaugurazione della Sinagoga (il Tempio Maggiore, v. appendice) volute in Comunità Ebraica dal presidente Paserman e dal Rabbino Capo Di Segni. Alcuni edifici e le aree pubbliche attendono perciò di essere reinseriti al posto che meritano.

Mentre le istituzioni proponevano nel recente periodo le iniziative monumentali, culturali, didattiche, i privati partecipavano al clima di fervore avviato nei primi anni '90. Da più di dieci anni a questa parte infatti la gran parte dei palazzi privati hanno iniziato opere più o meno delicate, più o meno cospicue, più o meno costose di restauro conservativo. Molti interventi sono stati concordati con la Soprintendenza per la presenza di vincoli monumentali. Sono state restaurate facciate, scale antiche, fregi, pavimentazioni. I proprietari di negozi e appartamenti hanno ristrutturato ricercando spesso anche negli interni i segni della costruzione antica, a volte anche di grande pregio.

Al civico 13 di via del Portico d'Ottavia è stato completato da poco il restauro che ha valorizzato l'impianto quattrocentesco, rinnovato facciate, ingressi, cortili, ballatoi, e ha sottolineato con cura storica gli antichi passaggi scoperti del loggiato, visibile negli archi a mattoni che contornano le finestre del piano più alto sia sulla facciata principale, sia sulla facciata interna. Lo stesso è avvenuto per gli affreschi scoperti in facciata. Negli interni sono state a volte ripristinate particolari opere in pietra se non addirittura affreschi e soffitti lignei coperti dal tempo e dal degrado.

pleted. The most was made of the fifteenth-century structure as façades, entrances, courtyards, and balconies were restored. Particular care was taken in restoring the ancient open passage way that can be seen in the brick arches that border the windows of the highest floor, both on the main façade, and on the internal face of the building. The frescoes discovered on the front of the building were also carefully restored. Inside the building, particular works in stone as well as frescoes and wooden ceilings which had been hidden by time and by decay, were restored,

Important works were carried out over a short period of time between Via del Portico d'Ottavia, Via S. Angelo in Pescheria, Via della Reginella, and Piazza Mattei, just to cite a few places. These works were carried out very quickly considering the complete absence of works in the previous period.

Work is just completed of the small aedicule called "tempietto del Carmelo" in Piazza Costaguti. These works were requested, carried out, and financed by the Superintendency of Rome, through a personal initiative taken by architect Cajano. This initiative will give back the neighbourhood a very small and particular monument. It can be considered the most important aedicula in a city where friezes, icons, and other symbols of Christianity are scattered all over. This particular one, dedicated to the Blessed Vergin of Carmelo, is circular and used to be rented out, as far as can be remembered, to craftsmen, considering the space that was available inside. During the early 1960's, a cobbler worked there: practicing the same trade as the man who appears in the oldest, best known photograph of the inside of the Portico d'Ottavia, before the demolition of the Ghetto.

In place of the systematic works of preservation that had begun but never were finished, local initiatives have been carried out. Nevertheless, these are single initiatives carried out in a large overall context. On the other hand, the structure of the neighbourhood, created by its very nature, by its history, by the similarity of the people who, through time, have lived there, and by the same places, unite all those detached elements in a common plot. Therefore, we find ourselves in front of different poles of attraction, each one with its own particularity.

The first pole is the big Synagogue with its Museum, with pieces from both modern and ancient history, concentrated in Lungotevere Cenci. It has silver objects, fabrics, incunabula, ancient archives, and original documents from the Nazi

Sampietrini stretti tra case vecchie, solo in parte oggi rinnovate, tra giochi di luci e ombre nella curva che schiaccia i palazzi gli uni contro gli altri fino quasi a toccarsi.
Cobblestones squeezed between old houses, partially renovated. Games of light and darkness in the curve that amasses building against building.

Angoli di palazzi ove la luce filtra con difficoltà; strade scure, selciati sconnessi, come ne rimangono in molti angoli del quartiere, a memoria di com'era la vita tra le pietre in cui vivere e il nero di selce dei sampietrini.
Buildings' corners the light cannot easily reach. Dark streets, uneven pavements as many still survive in different parts of the ghetto: a reminder of what life was like among the dark brick constructions and the darkness of the cobblestones.

Angoli di edifici, lampioni di ghisa, prospettive dalla visuale stretta, ove non si scorgeva più in là di una casa, di uno spigolo di muro, di un cantone stradale.
Buildings' corners, cast iron street lamps, narrow visual perspectives where it was impossible to see beyond a corner, a wall's angle, a crossroad.

Tra via del Portico d'Ottavia, via S.Angelo in Pescheria, via della Reginella, piazza Mattei, solo per citarne alcune, sono stati eseguiti lavori non indifferenti in un breve arco di tempo, tanto più breve se confrontato con l'assenza di iniziative del periodo precedente.

Sul tempietto del Carmelo in piazzetta Costaguti è da poco finito il restauro voluto e finanziato dalla Soprintendenza di Roma, per iniziativa e passione personale dell'arch.Cajano, che sta per restituire al quartiere un monumento minuscolo e particolare, si potrebbe dire l'edicola delle edicole in una città disseminata di edicole, fregi, icone, edicole e vari altri simboli della cristianità. Il tempietto, dedicato alla Beata Vergine del Carmelo, ha forma circolare e fu adibito, per quanto si ricordi a memoria d'uomo, ad affitto per attività artigianali, visto lo spazio disponibile al suo interno. Nei primi anni '60 vi lavorava un ciabattino: lo stesso mestiere dell'uomo che appare nella più nota ed antica fotografia dell'interno del Portico d'Ottavia prima della demolizione del Ghetto.

Il recupero organico iniziato e non terminato è stato sostituito almeno fino ad oggi da interventi locali, che tuttavia si presentano come elementi singoli di uno stesso contesto. D'altra parte il tessuto organico del quartiere, tale quasi per natura stessa, per storia, per similitudini successive di persone e luoghi, aiuta anche elementi distaccati a rimanere uniti da una trama comune. Ci si trova perciò di fronte a poli di attrazione ognuno con una propria specificità.

La Sinagoga grande con il suo Museo, storia bimillenaria e recente, concentrata in lungotevere Cenci con i suoi argenti, le stoffe, gli incunaboli e l'archivio antico, ma anche con documenti originali dell'occupazione nazista e della persecuzione e deportazione degli ebrei romani: questa tanto più importante ora che i testimoni diretti sono rimasti pochi ed anziani. Anzi va qui dato grande rilievo all'opera didattica che sta portando nelle scuole romane Piero Terracina, benemerito del Comune e della Repubblica, che con coraggio, metodo e discrezione continua a raccontare la storia drammatica della sua deportazione ad Auschwitz, in cui perse tutta la sua famiglia.

Altro polo, poco distante, è quello archeologico intorno al Portico d'Ottavia, con accesso dalla via-piazza che di recente ha cambiato nome diventando piazza 16 ottobre 1943, la data del sabato nero nella quale furono deportati numerosi ebrei romani.

Altro ancora è la nuova sede delle scuole ebraiche, che dovrebbe portare ad un amplia-

mento delle sedi culturali e di scambio tra Comune e Comunità, riproponendo una parte degli interventi di recupero già programmati in piazza delle Cinque Scòle.

* * *

Hanno tolto l'impalcatura davanti al Portonaccio, al numero 13. Da due anni non ci si poteva sedere. E dov'è che dovevano chiudere il traffico? E Sara come tornava a casa che il figlio la porta da viale Marconi con la macchina, con quelle gambe gonfie che ha? Meno male che ancora non lo fanno. Saranno belle le scuole vicine, ma eravamo abituati a passare ponte Garibaldi; serviva per muovere due passi, e la gente che veniva a prendere i figli alla scuola pubblica era diversa, si vedevano altre facce. Adesso o siamo noi o tutti stranieri, che con i ristoranti in più cresciuti come funghi sul marciapiedi del Portico non si cammina.

Poi aspettavamo i vasi, le panchine, così cambiava tutto…e noi? Adesso vicino al Portonaccio (si può chiamare ancora così, bello com'è?) si può rimettere la sedia di paglia: è rimasta la stessa che usava Giuditta tra Boccione e l'archetto (piazza Costaguti). È bassa, più comoda di ogni altra, qualcuno la userà!

E dobbiamo ringraziare quei quattro giovanotti che si sono accorti che qualcuno rinnovava casa, e hanno portato sedie e divani in mezzo alla strada. Dal divano a tre posti buttato sul marciapiedi di via del Tempio (dove stava il chiosco di Clementina, che faceva la meglio limonata del mondo) si vede chi entra da Cucciollo, chi va in libreria da Menorah e chi si ferma a fare quattro chiacchiere con la pizza di Franco e Cristina. Di giorno è un riposo, e la sera ci sono le solite quattro donne, che si guardano intorno che pare che stanno sedute là da sempre che quasi fanno parte dell'aria intorno e del muro dietro. Gli puoi chiedere tutto, tanto lo sanno! Sono la memoria di se stesse e di chi le ha precedute qua.

Poi ci sono le altre sedie intorno alla scuola, anche quelle buttate là per caso. Prova a sederti, sono storte, scomode, sfondate. Ma come fanno a starci seduti come sulla migliore poltrona Frau, con quel modo imperturbabile di girarsi, e a sapere tutto? Per quello al bar Totò dicevano che l'arredo urbano del Comune più tardi arriva meglio è. Su una panchina al centro strada, in zona pedonale, vanno bene i VIP e i turisti, ma si perde la visuale, e non si ferma più un nipote ogni cinque minuti a farsi fare la ramanzina da una parente stanca, ma con gli occhi più vivi e veloci che Roma abbia mai visto.

occupation and from the persecution and deportation of the Roman Jews. All of this become more and more important now that the eye witnesses become older and fewer with time. Special recognition goes to Piero Terracina, well-deserving by Rome's municipality and the Italian Republic, for the educational role he has played in Roman Schools, where he with courage, method and discretion continues to tell the dramatic story of his deportation to Auschwitz, where he lost his entire family.

The second pole, not far away, is the archaeological area situated around the Portico d'Ottavia, with access from the street-square which recently changed its name into "Piazza 16 Ottobre 1943," the date of that black Saturday during which so many Roman Jews were deported

Another pole of attraction is the new seat of the Jewish Schools, which should result in growing initiatives for cultural and other exchanges between Rome's Municipality and the Jewish Community and in the re-proposal of parts of the already programmed restoration works for Piazza delle Cinque Scòle.

* * *

They have taken away the scaffolding in front of the "Portonaccio" ("ugly Portico" in Roman slang), at number 13 (of Via del Portico d'Ottavia). For two years it hasn't been possible to sit down there. And, where was it that they were supposed to block the traffic?

And how would Sara get home, with those swollen legs of hers? her son used to drive her from Viale Marconi. It's a good thing that they haven't done it yet. It's nice to have nearby schools, but we were used to passing on the Garibaldi bridge: it made us walk a bit, and the people who came to get their children at the public school were different, new faces. Now we only see ourselves or foreigners and with all those new restaurants opening on the sidewalks of the Portico, it's impossible to walk there.

We're also waiting for the vases and the benches, everything would change… and what about us? Now we can put the straw chair back, near the Portonaccio (can we still call it ugly, now that it's so beautiful?). It's the same straw chair that Giuditta used to sit on between Boccione's place and the Arch at Piazza Costaguti. It's low, more comfortable than other chairs, and someone will make good use of it!

And we have to thank those four young men who realized that someone was renovating the house, and who brought out chairs and couch

E l'hai visto il *Rabbino da Boccione*: era stanco, forse stamattina al *Tempio* qualcosa non andava! E Cesare e Rebecca, che camminavano uno avanti e l'altra dietro senza parlare, dopo cinquant'anni che sono sposati: sarà per la nipote che è rimasta incinta e è ancora minorenne! E Saretta, con quei pantaloni stretti e trasparenti che si vede tutto: ma a casa la madre non le dice niente? Cose dell'altro mondo!!

E in attesa dei nuovi restauri si muovono occhi, parlano sedie e vecchi divani, si diffonde intorno la musica delle parole e degli odori di sempre.

es in the middle of the street. Sitting on the couch that had been thrown out on the sidewalk on *Via del Tempio* (where Clementina's drinks stall used to be, with the world's best lemonade) you can see who goes into Cucciollo's place, who enters Menorah Bookstore and who stops to chat while eating pizza at Franco and Cristina's Pizza shop. During the day it's a place to rest in, and in the evening the usual four women sit there, looking around as if they had been sitting there since the beginning of time, who are practically a part of the air and of the wall behind them. You can ask them anything, they know everything! They are the memory of themselves and of those who preceded them.

Then there are the other chairs around the school, that also were just thrown there by chance. Try to sit down, they're crooked, uncomfortable and the bottom's are worn out.

How can they sit there as if they were on the finest Frau armchair, with that imperturbable way of turning around, and of knowing everything? The people at Toto's Bar said that the later the official street furnishings arrive, the better. A bench in the middle of the pedestrian walk-way is fine for VIP's and tourists, but you lose sight of the daily happenings-of a child being scolded every five minutes by some relative who's tired, but with the fastest and most alert eyes that Rome has ever seen.

And you should have seen the Rabbi at Boccione's: he was tired, maybe something went wrong this morning at the" Temple" ! And Cesare and Rebecca, who walk one in front of the other without talking, after fifty years of marriage: it's probably because their granddaughter got pregnant and is still underage! And little Sara, with those tight transparent pants through which you can see everything: doesn't her mother say anything at home? It's just terrible..!

And while waiting for new restorations, eyes move, chairs and old couches talk, and the sound of the music of the words and smells of always spread all about.

APPENDICE
APPENDIX

Il centenario del Tempio Maggiore

The centennial of the "Tempio Maggiore"

Rare e incredibili le fotografie scattate nella zona dell'antico ghetto di Roma a cavallo tra la fine dell'Ottocento e i primi del Novecento! Erano appena finite le demolizione dello storico, intricato, unico e malsano quartiere ebraico. Scomparse le stradine che si aprivano in piccole piazzette, eliminati i contrafforti delle case che finivano nel fiume, zittito il vociare continuo di chi viveva case tanto malridotte da passare gran parte della giornata in strada, rimaneva un'unica grande spianata.

Nelle fotografie di fine ottocento restava al centro della spianata l'edificio delle Cinque Scòle, salvato in quanto luogo del culto ebraico di cinque provenienze geografiche diverse.

In quelle di inizio novecento si vede la stessa spianata e accanto alle Cinque Scòle l'edificio nuovo del Tempio Maggiore: era il 1904. Nel periodo successivo la costruzione delle Cinque Scòle fu demolita, ufficialmente a causa dei danni provocati dall'incendio del 1898. Rimaneva isolata, prima della costruzione degli altri palazzi che avrebbero di nuovo riempito l'area, la nuova Sinagoga grande. Cambiava tutto sia nella percezione degli ebrei romani sia in quella del panorama della città. Prima c'erano sale piccole, luoghi di culto raccolti, nascosti agli occhi della gente sia perché erano all'interno del Ghetto, sia perché l'edificio non aveva un'evidente riconoscibilità esterna. Ora c'era il Tempio Maggiore: l'edificio degli architetti Costa e Armanni, in stile assiro-babilonese, con eccessi di decorazione, qualche caduta di tono stilistica e aspetto monumentale. La città poteva vederlo, come può vederlo ancora oggi, che è ormai parte del panorama cittadino, con la notevole cupola a quattro pennacchi.

Gli ebrei cominciavano un nuovo modo di tenere le proprie funzioni religiose e di radunarsi: la nuova sinagoga, simbolo dell'emancipazione proprio per essere visibile e perciò adatta a chi professava un culto non

Photographs of the old ghetto area in Rome, taken between the end of the nineteenth century and the beginning of the twentieth, are rare and incredible! Demolitions had just been carried out in the historical, intricate, unique and unhealthy Jewish neighbourhood. Gone were the narrow streets that opened up into small squares, gone were the buttresses of the houses that finished in the river, silenced was the continuous shouting of those who lived in houses so run down that they spent most of their days in the street. What was left was just a big, levelled open area.

In photographs from the end of the nineteenth century, the Cinque Scòle building was still standing in the centre of that open area, saved because it was a place of worship for the Jews, that were of five different geographical origins.

In photographs from the beginning of the twentieth century, you can see the same open area with the new Synagogue, the Tempio Maggiore, next to the Cinque Scòle building: that was in 1904. During the following years, the Cinque Scòle building was demolished, officially because of the damage caused by a fire in 1898. The new, large Synagogue stood there alone, until other buildings were erected, eventually filling up the area. Everything changed with the new Synagogue, both the panorama of the city and the way the Roman Jews perceived things. Small rooms, quiet rooms of worship, that were hidden from people's eyes, both because the building was in the Ghetto, and because it didn't have any signs of being a Synagogue on the outside.

And then the Tempio Maggiore just stood there: a building made by the architects Costa and Armanni, in an Assyrian-Babylonian style, with too many decorations, looking like a monument. The whole city could see it as it still can be seen today, as a defined part of its panorama, with its noteworthy dome.

The Roman Jews began to hold their religious functions and to meet each other in a new way. The new Synagogue, which was the visible symbol of the emancipation and therefore

più nascosto, era a pianta monolocale. Ovvero il pubblico guardava verso la tevà (l'area sopraelevata dell'officiante) e l'aròn (l'armadio che contiene i rotoli della Legge), rivolti nella medesima direzione verso Oriente. Si perdeva la posizione spesso centrale del Rabbino officiante, com'era stato di frequente nelle vecchie piccole sinagoghe. Tutto diveniva più ridondante, più impersonale. Il luogo tuttavia contribuiva a far sentire l'ebreo parte del mondo che finalmente lo accoglieva anziché respingerlo.

L'anno 2004, in condizioni tutte diverse da quelle in cui era stato costruito, festeggia il centenario del Tempio Maggiore. Lo festeggia in un tempo che fa sentire gli ebrei parte della comunità di persone che abita la città, e che nello stesso tempo è ancora testimone di tentativi di separazione della minoranza ebraica dovuti a pregiudizi che rimangono purtroppo ancora radicati in vario modo nella società.

Il Tempio Maggiore si fa ancora una volta simbolo di una Comunità che vuole esserci, parte di un nucleo umano di diversa origine ma con una matrice forte, comune di romanità.

La Comunità ha festeggiato il proprio Tempio, con la grande cerimonia del 23 maggio 2004, voluta e gestita dal presidente Paserman

right for those who no longer practiced their religion in secret, had a large one-room plan. The public looked towards the "tevà" (the area that was on a higher level on which the officiating leader stood) and the "aròn" (the closet containing the scrolls of the Law), both turned in the same direction towards the East. The often central position of the officiating Rabbi in the old and smaller Synagogue was lost. Everything became more pompous and impersonal. Nevertheless, this place contributed in making the Jewish people feel part of the world, which finally accepted and stopped rejecting them. In totally different conditions from those in which it had been built, in 2004, the centennial of the Tempio Maggiore was celebrated. These celebrations were held at a time when Jews do feel part of the community of people who live in the city. At the same time they can still witness

Talleth: particolare della ricca decorazione (collezione privata).
Talleth shawl: detail of its rich decoration (private collection).

Pagina successiva/Next page.
Tempio pronto per il matrimonio.
The Tempio Maggiore ready for a wedding.

Matrimonio al tempio Maggiore.
Wedding at the Tempio Maggiore.

e dal Rabbino Capo Di Segni, alla presenza di autorità politiche, militari, religiose, con rappresentanti cattolici, musulmani e le massime cariche rabbiniche di Israele. È stato in quella sede speciale che, per onorare la propria storia e la propria continuità, la Comunità in piedi nella Sinagoga ha reso omaggio al Rabbino Emerito Elio Toaff, testimone vivente dell'autorità e del prestigio della tradizione ebraica italiana di cui è ora erede il Rabbino Di Segni.

Per chi visita il Tempio è utile sapere che fu costruito in stile misto. All'esterno la facciata è in stile assiro-babilonese nella parte inferiore e a grandi finestroni a vetri colorati e decorati nella superiore. Mentre in alto sono simbolo unico del legame alla tradizione le Tavole della Legge, in basso sull'ingresso principale verso via del Tempio si apre sul giardino lo scalone di accesso al settore maschile al piano terra. Sui lati, via Catalana e lungotevere Cenci, si trovano le due porte che, attraverso scale speculari, portano al primo livello dove sono i tre ordini del matroneo su colonne.

Sul lato verso il Tevere la facciata è tripartita, con lapidi che ricordano le vittime ebree della prima guerra mondiale, della deportazione, delle Fosse Ardeatine.

L'interno è quadrangolare, contraddistinto dall'ambulacro coperto dai tre ordini di matroneo. La cupola, altissima, decorata in azzurro e oro e altri vivaci colori, dà aria e luce all'interno. Sul fondo la tevà, in marmo perlato di Sicilia, accoglie l'aròn e la bimah (il punto da cui officia il rabbino). Il primo è portato da colonne assire; la seconda è sopraelevata di otto gradini e protetta da balaustra in ferro e colonnine del medesimo marmo. I banchi in legno sono dell'epoca della costruzione.

Sul fondo dei due bracci laterali, sotto i matronei, si trovano: a destra l'aròn di Scòla Siciliana del 1586; a sinistra un secondo aròn ricostruito con lo smontaggio di pezzi residui della demolizione dell'edificio delle Cinque Scòle.

Nel 1904 tra gli ebrei romani testimoni di tante trasformazioni si aprì una discussione: il nuovo Tempio era bellissimo e monumentale o veramente fuori stile in una città come Roma?

Nel 2004 gli ebrei romani che lo vedono e lo frequentano si domandano ancora, come fecero i loro nonni: è bello o veramente esagerato? Alcuni, come fu la voce autorevole e ironica di Bruno Zevi, che lo definì di stile assi-

efforts to separate them, as a minority, due to prejudices that, unfortunately, are still rooted in various ways in our society. The Tempio Maggiore is once again a symbol of a Jewish Community that wants to exist and to be part of a group of human beings with different origins but with a strong, common, Roman background.

The Jewish community celebrated its Synagogue in a big ceremony held on 23rd of May 2004. The ceremony was organized by Paserman, the Chairman of the Jewish Community, and by the Chief Rabbi Di Segni. Political, military and religious authorities were present at the ceremony with catholic and muslim representatives, together with the most important rabbis from Israel. It was in that occasion that the Community in order to honour its history and continuity, held a standing ovation for the Emeritus Rabbi Elio Toaff, bearer of the authority and prestige of the Italian Jewish tradition of which now Rabbi Di Segni is a heir.

For visitors of the Synagogue, it's useful to know that it was built in different styles. The external façade is in Assyrian-Babylonian style in the lower parts with large stained-glass, decorated windows in the upper areas. While the upper part has only one symbol bound to tradition, the Books of Moses, in the lower part, at the main entrance towards Via del Tempio, there is a large staircase which opens out to the garden, and allows an access to the men's section on the ground floor. On the sides of the building, on Via Catalana and Lungotevere Cenci, two doors that lead to two specular staircases, lead to the first level where you can find the women's gallery, divided into three sections, supported by columns.

On the side facing the Tiber river, the façade is divided into three parts, with memorial plaques which recall the Jewish victims of World War I, of the deportation, and of the massacre at the Fosse Ardeatine.

The internal area is quadrangular, separated from the ambulatory and covered by the three orders of the women's gallery. The very high dome, which is decorated in sky blue, gold and other bright colours, gives a sense of airiness and light to the room. In the background, you can see the tevà in Sicilian pearly marble, in which you find the aròn and the "bimah" (the place in which the Rabbi holds the ceremonies.) The first one is standing on Assyrian columns and eight steps take you to the second one which is protected by an iron balustrade with small columns made of the same Sicilian pearly mar-

ro-babilonese-frascatano, non lo giudicano un'opera d'arte. Altri lo magnificano per le forme inconsuete e la grandezza dell'insieme.

Quei due ebrei che vengono dall'isola Tiberina e lo guardano dal ponte Quattro Capi sorridono dandosi di gomito, ironici e autocritici. Però, mentre gli passano accanto sul lungotevere, sanno che gli è entrato nell'anima.

A piedi nel Ghetto

Chi esce dal **museo della Comunità** ebraica (*visite guidate, oggettistica, consultazione a richiesta dell'archivio storico; orari: lun-giov 9,00-17,00, da maggio a agosto fino alle 20,00; ven 9,00-14,00; tel.: 0668400661*) si trova sul marciapiedi del lungotevere Cenci (nome di un'antica famiglia romana). Di fronte, sull'ansa del fiume che ai tempi del ghetto era chiamata *ripa dei giudei*, si vedono gli edifici dell'isola Tiberina.

Si prenda a destra e ancora a destra: la prima strada è via del Tempio; si incrocia via Catalana, che ricorda nel nome la provenienza dalla Catalogna del gruppo di ebrei più numeroso tra quelli che furono rinchiusi dai papi nel recinto. Superata via Catalana, si trova sulla destra la libreria ebraica Menorah, (*via del Tempio, tel.* 066879297:) specializzata in Judaica, dove sono reperibili testi anche datati, rari, spesso di grande valore documentario.

Di fronte alla libreria è l'edificio delle nuove scuole ebraiche e della cultura ebraica. Un recente accordo tra la Comunità Ebraica *(lungotevere Cenci-Tempio; tel.: 066840061)* e il Comune di Roma (tel. *0667101*) ha consentito di raccogliere le scuole ebraiche, disperse in varie sedi, in questo edificio con ingresso da via del Portico d'Ottavia. Il palazzo, ove sono ancora in corso i lavori di sistemazione, ospiterà anche il **Centro di Cultura Ebraica della Comunità**, che si trova ora in *via Arco de' Tolomei 1; tel.: 065897589.*

Uscendo dalla libreria si può voltare a destra su via del Portico d'Ottavia in direzione dello stesso Portico, da poco restaurato, ove si ammirano le belle colonne che i recenti scavi hanno restituito alla loro originaria altezza. Sulla destra si trova il negozio di Limentani argenti;

ble. The wooden benches are original, from the time the building was erected.

On the wall, at the end of the two side wings under the section for women, you can see an aròn from the Sicilian Synagogue from 1586 on the right, and on the left another aròn, built with the left-over pieces from the demolition of the Cinque Scòle building.

In 1904, the Roman Jews who had witnessed so many changes, started discussing if the new Synagogue really was beautiful and monumental or absolutely out of style in a city like Rome. In 2004 the Roman Jews who see it and regularly attend the building, still ask themselves the same question as their grandparents did: is it beautiful or really exaggerated? Some people, like the famous architect Bruno Zevi, who ironically defined it as built in a "Romanish" Assyrian-Babylonian style rather than defining it as a masterpiece. Others consider it magnificent for its unusual forms and for the size and greatness of the whole construction.

Those two Jews who are walking from the Tiberina island on the Quattro Capi bridge are looking at the Synagogue, laughing and rubbing their elbows, ironically and in a self-critical way. But as they pass it, walking along the river, they know that it's a part of them.

Walking around in the Ghetto

When you leave the **Jewish Community Museum** (*guided visits, gifts, historical archives, which can be consulted on appointment. Opening Hours: Monday-Thursday 9:00 a.m.-5:00 p.m., from May–August until 8:00 p.m., Fridays 9:00 a.m. – 2:00 p.m. Phone: 0668400661*) you are on the sidewalk of the Lungotevere Cenci (Cenci is the surname of an ancient Roman family.) In front of you, on the loop of the river that during the ghetto period was called "Ripa dei Giudei" (river bank of the Jews), you can see the buildings on the Tiberina island.

Turn right and then right again: the first street is Via del Tempio, which crosses Via Catalana, that recalls the Spanish region Catalonia, from where the largest group of Jews enclosed in the ghetto by order of the Popes, came. After hav-

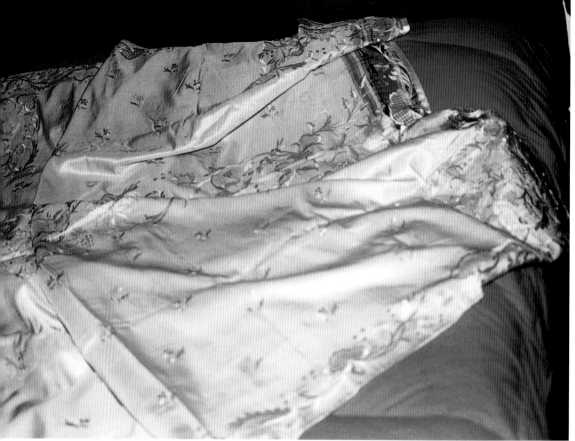

Foto Luca Fiorentino

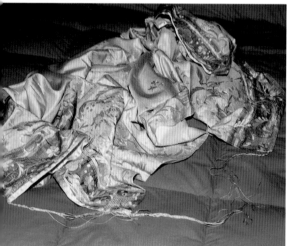

Foto Luca Fiorentino

Talleth di fine '700 della famiglia Beer: ricca arte minore (collezione privata).
Beer family Talleth shawl from the end of the eighteenth century: rich minor art (private collection).

Vista completa del Talleth con le frange (zizzith), ai quattro angoli (collezione privata).
Complete Talleth shawl with fringe (*zizzith*) at the four corners (private collection).

Il Talleth antico, come si indossa in preghiera (collezione privata).
Ancient Talleth shawl, as worn during prayer (private collection).

ing crossed Via Catalana, on the right side you can find the **Menorah Jewish Bookstore** (Via del Tempio, Phone: 06.6879297) specialized in Judaic Studies, where you can find rare, dated texts, often of great documentary value.

Opposite the bookstore is the new **Jewish School and Culture Building.** A recent agreement made between the **Jewish Community** (Lungotevere Cenci-Tempio; phone: 066840061) and the **Municipality of Rome** (phone: 0667101) made it possible to concentrate the Jewish Schools, which were in various buildings and areas, in this building, with entrance on Via del Portico d'Ottavia. This building, which is still being restored, will also host the **The Community Centre for Jewish Culture,** which is currently

sull'angolo davanti al Portico d'Ottavia l'antica ditta Leone Limentani , per i romani *il cocciaro*, noto da decenni in tutta Roma per l'attività commerciale di vendita di stoviglie.

Sul marciapiedi di fronte si nota invece una sfilata di ristoranti, tutti di cucina tradizionale romana. Si mangia però **Kasher solo alla Taverna del Ghetto** (*via del Portico d'Ottavia 8, tel.: 0668809771*) dove si possono trovare i principali piatti della cucina giudaico-romanesca, rivisitati e abbelliti sia per il gusto più raffinato che per la bella presentazione.

Ancora sul medesimo lato dei ristoranti si trova il **negozio di gioielleria Judaica Sarai** (*via del Portico d'Ottavia 14b-15*), che offre un'ampia scelta di oggetti di culto e tradizionali di ottima fattura e di diversa provenienza geografica: candelabri/menoroth, chanucchioth, portabesamim, trottole-sevivon, bicchieri per il kiddush e molto altro ancora.

Proseguendo sullo stesso lato, lasciato alle spalle il Portico d'Ottavia, si supera il vicolo di S. Ambrogio e via della Reginella: sulla destra è il bar Totò (*via del Portico d'Ottavia*), noto luogo di ritrovo storico degli ebrei romani. Più avanti è il **negozio Yud Judaica** di argenteria e articoli di culto (*via del Portico d'Ottavia 1°*) dove si trovano oggetti tipici del culto ebraico e oggetti d'argento.

Di recente, accanto a questo negozio, ha aperto **la paninoteca kasher Pizza e Festa** (*via del Portico d'Ottavia 1/B; tel.: 066893235*).

Sull'angolo è lo storico, quasi mitico, negozio di dolci **Boccione**, dove tre generazioni di ebree romane si alternano in cucina per sfornare in continuazione le migliori leccornie che si annoverano tra i dolci giudaico-romaneschi. Da **Boccione** (*via del Portico d'Ottavia, 1 angolo piazza Costaguti*) si può trovare la classica *Pizza Ebraica*, dolce di pastafrolla e frutta candita che si può capire solo assaggiandolo. Si trovano anche i biscottini, la treccia, la "ciambella", ovvero torta con ricotta e marmellata di visciole o cioccolata, i "bruscolini" tostati. In alcune festività si fa anche il "bianco mangiare", rotolo di pasta riempito con un impasto di mandorle.

Sullo stesso angolo, di fronte a Boccione, si trova il nuovo **Makolet** *(via S. Maria del Pianto 64, tel.: 066864398)*, (supermercato) di prodotti Kasher. Qui si possono acquistare vini kasher, affettati e altri cibi, prodotti confezionati di garantita provenienza.

Si prosegua ancora verso via Arenula sulla via che stringe quasi in un vicolo e prende il

found in *Via Arco de' Tolomei, 1; Phone: 065897589.*

Leaving the bookstore, you can turn right on Via del Portico d'Ottavia in the direction of the Portico, to admire its beautiful columns which were recently restored to their original height. On the right you find the **Limentani** store, specialized in silver objects; on the right hand corner, in front of the Portico d'Ottavia is the old **Leone Limentani** firm, in roman dialect "il cocciaro" (the man who sells ceramics) famous in the whole city of Rome for his business in kitchenware.

On the opposite sidewalk, you can see a row of restaurants, all featuring traditional Roman cooking. The only one you can eat Kosher food though, is at the **Taverna del Ghetto** (Via del Portico d'Ottavia, 8; Phone: 06/688 09771-06/682 12309) where you can find the main Jewish-Roman dishes, re-visited and decorated, with a more sophisticated taste as well as a lovely presentation.

On the same side as the restaurants, you can find the jewellery store called **Judaica Sarai** (Via del Portico d'Ottavia, 14b-15) which offers a wide choice of traditional objects for prayer, of excellent workmanship and from different places in the world: objects used during Chanukah and Passover, such as dreidles, menorahs, Kiddush goblets, candelabras and much more. Continuing on the same side of the street, leaving the Portico d'Ottavia behind , crossing the alleyways Vicolo di S. Ambrogio and Via della Reginella on the right you can see **bar Totò** (Via del Portico d'Ottavia) which is a historical meeting place of Roman Jews. A bit further ahead is a store called **Yud Judaica** (Via del Portico d'Ottavia, 1). specialized in all kinds of objects in silver and typical articles used for prayer.

Recently a Kosher sandwich shop opened next door called **Pizza e Festa** (Via del Portico d'Ottavia, 1/B; Phone: 066893235.)

Right on the corner is the historical, almost legendary pastry shop called **Boccione**. Three generations of Roman Jews alternate in the kitchen to churn out the best delicacies among Jewish-Roman pastries. At **Boccione** (on the corner of Via del Portico d'Ottavia and Piazza Costaguti) you can find the classic sweet *Pizza Ebraica* (Jewish Pizza), made of short crust pastry dough and candied fruit and nuts. To understand how special it is you just must taste it. You can also find cookies, braided bread, the "*ciambella*" a ring-shaped cake with ricotta cheese, sour cherry marmalade and chocolate.

nome di via S. Maria del Pianto. Qui siamo già fuori dal perimetro che chiudeva l'antico Ghetto. Sulla destra si trova Zi' Fenizia *(via S. Maria del Pianto 64)*, pizza a taglio ma anche di più: cucina, cibi tipici ebraico-romani e varie specialità.

Sull'ingresso a piazza Costaguti, di fronte al tempietto del Carmelo, è il forno dove si trovano il pane e la pizza più famosi della zona.

Prendendo invece per piazza Costaguti, passati davanti alla chiesa di S. Maria in Publicolis, si giri a destra su via de' Falegnami e a sinistra in via di S. Elena. Qui sulla destra, prima di raggiungere largo Arenula, si trova il negozio di alimentari **Pascucci**. Non è un negozio kasher. Vende tuttavia prodotti confezionati kasher come la bottarga di muggine, affettati e altro ancora. Ha però la carne secca e la lingua, il salame di manzo preparati secondo le ricette tipiche della tradizione giudaico-romana.

Attraversando invece piazza delle Cinque Scole e girando verso piazza de' Cenci si trova il ristorante **Yotvata** (piazza de' Cenci 70, tel.: 0668134481), che serve piatti kasher "halavì" (senza carne).

Altro fornaio storico legato alla tradizione dell'ebraismo romano si trova al di là di via Arenula. Si traversano via Arenula e piazza Cairoli; si prende via dei Giubbonari e poi la seconda traversa a destra dopo la chiesa di S. Carlo ai Catinari: è via dei Chiavari. Sulla sinistra è il forno **Roscioli** che vende prodotti della panificazione tradizionale romana.

and their famous "bruscolini tostati" (roasted pumpkin seeds with rock salt.) During special holidays, you can even find *"bianco mangiare"* a pastry roll filled with a mixture of almonds.

On the same corner, in front of **Boccione**, you can find a new supermarket with Kosher products called **Makolet**. Here it's possible to find Kosher wine, sliced salami and other guaranteed products.

If you continue to walk towards Via Arenula you will find a street that narrows almost into an alleyway, called Via S. Maria del Pianto. At this point you're already outside of the perimeters of the enclosure of the old Ghetto. On the right you can find **Zi' Fenizia** (Via S. Maria del Pianto, 64) with its sliced pizza and much more, such as cooked food, often done in the typically Jewish-Roman way, and various specialities.

At the entrance of the Piazza Costaguti, in front of the "tempietto del Carmelo" you can find the bakery shop with the most famous pizza in the neighbourhood.

If you take Piazza Costaguti, pass in front of S. Maria in Publicolis church, and turn right on Via de' Falegnami and left on Via di S. Elena, before reaching Largo Arenula, you can find the **Pascucci** grocery store. It is not a Kosher store, but nevertheless it sells Kosher products such as "bottarga", sliced salami and other specialities, such as dried beef and tongue, and beef salami prepared according to traditional Jewish-Roman recipes.

Crossing piazza delle Cinque Scole, toward piazza de' Cenci, you find **Yotvata** kosher "halavì" (no meat) restaurant.

Another legendary bakery bound to the Jewish-Roman tradition is found just beyond Via Arenula. After crossing Via Arenula and Piazza Cairoli, you take Via dei Giubbonari and then the second crossing to the right, after the S. Carlo ai Catinari church, which is Via dei Chiavari. On the left you can find the **Roscioli** bakery where they sell various types of bread made according to Roman tradition.

Sanatorio
il Tivoli

V.^{ta} il Pincetto

V.^{ta} Bini

V.^{ta} Ciocci

C. Galuppa

Inferno

Forn.^{ce}
Vieschi

V.^{lla} Boccaneri

S. Antonino

V.^{na} Trolli

V.^a dei Frati

Fornace Gelsomina

V.^{lla} Collegio Americano

Scheyrs

Podere Rivoso

Tabanelli

V.^a Carpegna

Podere Scuola

Rilievo dell' Istituto geografico militare, 1907-09 — Studio del piano regolatore del Comune di Roma, 1908-09.

PUBBLICAZIONE ESEGUITA PER CONTO DEL COMUNE DI ROMA.

Piano regolatore del Saint Just del 1908-1909. (collezione privata; originale).

TEVERE

Riproduzione fotozincografica

PROPRIETÀ ARTISTICA RISERVATA
(Legge 19 Sett. 1882, N° 1012)

Town-planning by Saint Just of 1908-1909 (private collection; original).

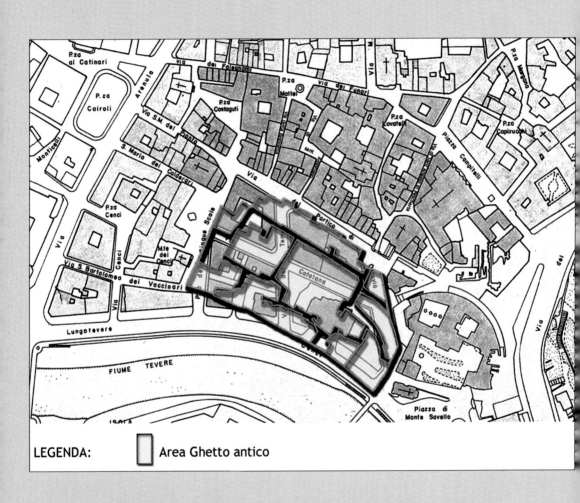

LEGENDA: Area Ghetto antico

I cancelli sul fiume. Impronta della prima area del Ghetto: si noti la piccola dimensione del quartiere rispetto alle strade circostanti.

Gates on the river. Print of the first area of the Ghetto: the small size of the neighborhood compared to the surroundings is remarkable.

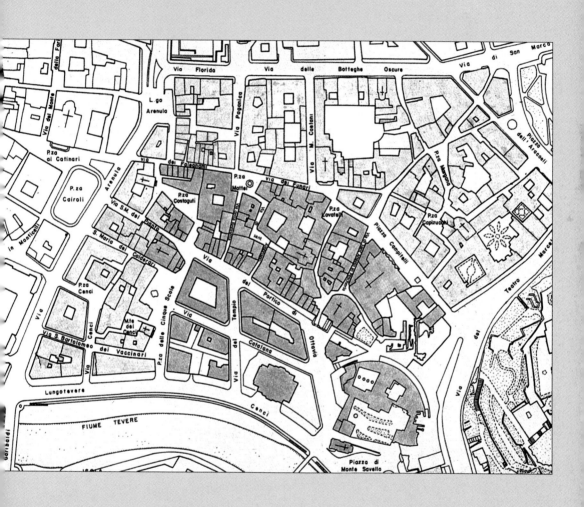

Il quartiere della memoria. Il tessuto urbano attuale contraddistinto dalle strade più nuove verso il fiume e i vicoli nella zona degli edifici più antichi.

The neighborhood of memory. The present urban weaving marked by the more recent streets toward the river and by the old alleys in the area of the most ancient buildings.

Finito di stampare nel mese di Giugno 2005
Gangemi Editore S.p.A. – Roma